吉林财经大学资助出版图书

主动行为对工作-家庭界面的双刃剑效应及内在机制研究

崔子龙　张开心　忻　瞳◎著

吉林大学出版社
·长春·

图书在版编目（CIP）数据

主动行为对工作-家庭界面的双刃剑效应及内在机制研究 / 崔子龙, 张开心, 忻瞳著. -- 长春 : 吉林大学出版社, 2023.12
　　ISBN 978-7-5768-2558-9

　　Ⅰ.①主… Ⅱ.①崔… ②张… ③忻… Ⅲ.①家庭社会学 – 研究 Ⅳ.①C913.11

中国国家版本馆CIP数据核字(2023)第221565号

书　　名：	主动行为对工作-家庭界面的双刃剑效应及内在机制研究 ZHUDONG XINGWEI DUI GONGZUO-JIATING JIEMIAN DE SHUANGRENJIAN XIAOYING JI NEIZAI JIZHI YANJIU
作　　者：	崔子龙　张开心　忻　瞳
策划编辑：	黄国彬
责任编辑：	张　驰
责任校对：	杨　宁
装帧设计：	刘　丹
出版发行：	吉林大学出版社
社　　址：	长春市人民大街4059号
邮政编码：	130021
发行电话：	0431-89580036/58
网　　址：	http://www.jlup.com.cn
电子邮箱：	jldxcbs@sina.com
印　　刷：	天津鑫恒彩印刷有限公司
开　　本：	787mm×1092mm　1/16
印　　张：	9
字　　数：	120千字
版　　次：	2024年5月　第1版
印　　次：	2024年5月　第1次
书　　号：	ISBN 978-7-5768-2558-9
定　　价：	58.00元

版权所有　翻印必究

目 录

第1章　绪论 ·· 1
 1.1　研究价值 ··· 3
 1.2　研究目标 ··· 3
 1.3　研究内容 ··· 4
 1.4　研究方法 ··· 6
 1.5　创新点 ··· 7

第2章　文献综述 ··· 9
 2.1　工作-家庭界面研究综述 ·· 9
 2.2　主动行为研究综述 ·· 27
 2.3　工作旺盛感研究综述 ·· 43
 2.4　时间压力研究综述 ·· 53
 2.5　职场焦虑研究综述 ·· 60

第3章　理论基础与研究假设 ··· 67
 3.1　理论基础 ·· 67
 3.2　研究假设 ·· 77

第4章　研究设计 ·· 94
 4.1　变量操作性定义 ·· 94
 4.2　问卷设计 ·· 96
 4.3　相关变量测量 ··· 98

4.4　经验抽样法 …………………………………………… 102
　　4.5　统计分析与结果 ……………………………………… 104

第5章　研究结论与启示 ……………………………………… 115
　　5.1　研究结论 ……………………………………………… 115
　　5.2　研究局限与未来展望 ………………………………… 117
　　5.3　研究启示 ……………………………………………… 118

参考文献 ……………………………………………………… 124

附录：调查问卷 ……………………………………………… 136

第1章 绪论

　　工作和家庭是成年人生活中的两个重要组成部分，但现代技术的发展、市场经济的繁荣以及家庭结构的革新，让家庭和管理之间的关系日趋复杂化，甚至引发了"危机"（Beauregard，2006）。家庭与工作之间的边界日益模糊，两者相互渗透的现象日趋明显。特别是互联网及时被应用到诸多领域之后，员工的公私时间界限出现了模糊，很多员工需要在私人时间完成工作任务，且这种现象正在成为一种常态（Hahn et al.，2013；Duxbury et al.，2014）。管理好两个相互关联领域是员工及组织需要面对的重要议题。大量的研究证实家庭与工作之间存在的矛盾，即工作-家庭冲突（work-family conflict）（Eby et al.，2005；Greenhaus et al.，1985）。积极心理学的出现和发展，让人们对于家庭和工作的关系产生了新的认知，这种关系不仅仅存在相互侵扰的关系，个体在一个领域内的体验也可能会对另一个领域有所促进（Dutton，2005）。另一方面，组织的确定性正因为知识经济出现和发展被逐渐削弱，组织想要在竞争环境中处于相对主动的地位，就必须找到让员工投入的办法。主动行为属于预见性行为和自发性行为，员工做出这一行为的目的是改变行为人所处的环境或者是改变行为人自身的状态（Parker et al.，2006）。个体在主动实施某种行为时往往需要超越角色边界为达成目标付出更多的时间和精力。研究证实主动行为能够对工作-家庭界面产生显著影响，例如 Bolino 和 Turnley（2005）基于角色理论通过对98对夫妻的研究证实工作场所主动行为会导致个体的角色超载（role overload），进而导致其工作-家庭冲突。但一些研究也给出了相反的结论，例如 Lau 等（2013）通过主动性人格对工作-家庭冲突的缓冲的研究，作者也从侧面证实了主动性行为对家庭-工作界面的积极作用。

Germeys 等（2015）在对 87 名员工连续 10 天的调查中发现日间的主动性的组织公民行为能够显著预测个体当天晚上体验到的工作-家庭增益。工作中的积极敬业能够为个体提供活力、意义感及工作激情等体验，而这些体验将有效帮助个体提升其个体资源进而促进其工作-家庭增益（Ilies et al.，2017）。工作场所主动行为对工作-家庭界面影响研究依然存在较大争议，确定调整工作和家庭之间关系的具体方法，降低冲突发生的概率，同时对两个领域产生积极的影响，既是员工及企业管理者面临的管理问题，也是人力资源管理领域亟待解决的理论问题。基于此，本研究拟基于资源保存理论及能量理论整合现有研究存在的矛盾，构建主动行为对工作-家庭界面（工作-家庭冲突及工作-家庭增益）的双刃剑影响机制模型，解析主动行为对工作-家庭界面的内在机制。采用经验采样法并通过对来自北京、成都及长春三家高科技企业的 107 名被试共 409 天的样本调查，利用 Mplus 6.0（Muthén and Muthén，2012）对研究假设进行多层次分析（Song et al.，2011），分别检验工作旺盛感在主动行为与工作-家庭冲突及工作-家庭增益之间的中介作用、时间压力在主动行为与工作-家庭冲突及工作-家庭增益之间的中介作用、职场焦虑在主动行为与工作-家庭冲突及工作-家庭增益之间的中介作用。高质量联结在主动行为与工作旺盛感之间的调节作用、高质量联结在主动行为与职场焦虑之间的调节作用、高质量联结在主动行为与时间压力之间的调节作用。研究证实，每日主动行为对每日工作-家庭冲突及每日工作-家庭增益有显著正向影响，工作旺盛感在每日主动行为与工作-家庭增益之间起中介作用。每日时间压力在每日主动行为与每日工作-家庭冲突之间起中介作用。高质量联结在每日主动行为与工作旺盛感之间起正向调节作用，高质量联结在每日主动行为与时间压力之间起负向调节作用。在实证得出研究结论的基础上本研究提出了相关管理策略及建议：一是激发员工实施主动行为，重视主动行为的消极面；二是尝试推行员工能量管理计划，开发员工的心理资本；三是提升员工工作旺盛感状态，开发组织内关系能量；四是客观认识工作-家庭界面之间关系，促进员工工作-家庭增益；五是提升工作效率，减少员工时间压力；六是关注员工心理健康，降低员工的职场焦虑。

1.1 研究价值

1.1.1 理论价值

一是丰富主动行为后效研究。有益于组织的主动行为是否会对个体工作家庭关系产生积极或消极影响在现有研究中鲜有涉及,由此,本研究将通过构建主动行为与工作主动作-家庭界面关系以丰富主动行为后效研究。二是深化工作-家庭界面理论。工作场所行为对工作-家庭界面的影响及内在机制依然未被深入探究。而工作中的能量作为一个新兴领域,相关研究尚处于起步阶段,本研究基于能量视角解析主动行为对工作-家庭界面的双刃剑效应及内在机制能在一定程度上深化工作-家庭界面理论。

1.1.2 应用价值

一是帮助企业管理者及员工认知并管理主动行为的"阴暗面";二是为组织科学制定员工工作家庭关系管理实践方案提供依据及建议;三是为推动组织实施员工能量管理实践提供科学依据及政策建议。

1.2 研究目标

1.2.1 基于能量视角全面解析主动行为对工作-家庭界面影响的双刃剑效应

尝试基于资源保存理论、工作能量理论等相关理论从理论与实证两个角度解析主动行为对工作-家庭界面的能量增益机制及能量损耗机制。

1.2.2　引入调节变量深入揭示主动行为对工作-家庭界面影响的情景机制

尝试基于 ten Brummelhuis 和 Bakker（2012）的工作-家庭资源框架及互动仪式理论从跨层面视角引入情景变量作为调节变量，深入揭示主动行为对工作-家庭界面影响的情景机制。

1.2.3　基于员工能量管理角度提出工作家庭关系管理对策及建议

尝试提炼员工能量管理实践的内容及框架，并基于能量管理角度提出企业工作家庭关系管理的相关政策及建议。

1.3　研究内容

本研究依据"规范研究—实证研究—政策研究"的研究逻辑展开，具体内容如下。

1.3.1　主动行为对工作-家庭界面双刃剑效应理论模型研究

1. 主动行为对工作-家庭界面双刃剑效应中介机制理论研究

首先，采用文献分析法对主动行为与工作-家庭界面两个构念的内涵、测量、前因、后效及内在机制进行回顾和总结，基于文献分析寻找现有研究存在的问题。梳理总结资源保存理论、自我损耗理论、角色理论及意义建构理论等相关理论，并初步建立主动行为与工作-家庭界面双刃剑效应的逻辑关系。其次，选取有代表性的企业员工样本并制定访谈提纲及半结构化问卷通过现场访谈、小组访谈、中高层管理者访谈及专家访谈等方式充分获得访谈资料，基于扎根研究分析结果确立主动行为与工作-家庭界面之间因果及过程等内在联系。最后，结合文献研究结论与质性访谈结论提炼核心变量（包括自变量、因变量、中介变量、控制变量），基于能量视角构建主动行为对工作–家庭界面的能量增益路径模型与能量损耗路径中介机制理论模型。

2. 主动行为对工作–家庭界面影响多层调节机制理论研究

首先，基于国内外文献对主动行为与工作–家庭界面两个构念的情景变量及机制进行总结和梳理。结合 ten Brummelhuis 和 Bakker（2012）的工作–家庭资源框架及Collins（2004，2008）的互动仪式理论构建了多层次能量补给模型。其次，选取有代表性的企业员工样本进行访谈，基于扎根研究分析结果确立主动行为与工作–家庭界面之间的情景机制。最后，结合文献研究及质性访谈结论提炼调节变量构建主动行为对工作–家庭界面影响多层调节机制理论研究。

1.3.2　主动行为对工作–家庭界面双刃剑效应模型实证研究

1. 数据收集

在理论模型推理的基础上，应用经验抽样法对多省市的企业员工进行多阶段问卷调查。并通过信度分析、验证性因子分析、相关性分析初步验证理论模型。

2. 中介效应模型实证检验

在引入控制变量的情景下，运用结构方程界面并应用Mplus 6.0 软件同时检验主动行为对工作–家庭界面的能量增益路径及主动行为对工作–家庭界面的能量损耗路径。

3. 调节效应模型实证检验

基于理论构建多层次调节模型，通过多层次结构方程模型（MSEM）选用随机系数预测（random coefficient prediction，RCP）方法检验多层次能量在主动行为与工作–家庭界面之间的调节效应。

1.3.3　研究启示与管理实践对策研究

首先，根据主动行为对工作–家庭界面双刃剑效应理论模型的实证检验结果得出研究结论与启示。其次，提出员工能量管理的内容及框架，并基于此提出企业工作家庭关系管理的相关政策及建议。

1.4 研究方法

1.4.1 文献研究法

应用文献研究法对主动行为与工作-家庭界面关系国内外相关文献进行梳理总结，掌握研究的基础与动态，厘清相关概念并尝试建构本书的理论模型。

1.4.2 访谈法

根据访谈提纲应用访谈法对企业一线员工、中高层管理者及组织行为学专家就研究现象及问题进行深入访谈，为构建理论模型提供现实依据。

1.4.3 扎根理论法

应用扎根理论法对访谈资料进行归纳、编码、优化及分析，基于分析结果确立主动行为与工作-家庭界面的过程、因果及情景等内在联系。

1.4.4 经验抽样法

由于主动行为、工作-家庭界面（工作-家庭增益与工作-家庭冲突）、能量等构念均具有较短或中等长度变化特征（Bolger et al.，2003；Madrid et al.，2014），本书将基于个体内（within-person）角度应用经验抽样法对研究样本在一定时间内进行多次数据收集，基于数据捕捉变量的瞬时状态和变异规律。

1.4.5 实证研究法

借鉴国外现有成熟的测量量表并根据扎根研究结论对量表进行修正。统计分析重点包含以下几个环节。一是数据质量分析与量表信效度分析。数据质量评估包含正态性分布检验、缺失数据处理及共同方法偏差检验等；量表信效度分析包含运用 CITC 法及 Cronbach's α 分析量表信度；运用验证性因子分析（CFA）考察构念之间的区分效度。二是描述性统计分析及相关分析。采用描述性统计指标、相关性分析对变量关系进行初步检验。三是假设检验。遵照 Hofmann 和 Gavin（1998）提出的中心化策略建议对数据进行中心化处理。中介效应应用 Mplus 6.0 软件（Muthén和Muthén，1998—2012）进行路径分析，同时检验主动行为对工作-家庭界面的能量增益路径及能量损耗路径；调节效应采用 Preacher，Zhang 和 Zupher（2016）及方杰、温忠麟和吴艳（2018）提出的基于多层次结构方程模型的多层调节效应随机系数预测检验方法进行检验。

1.5 创新点

1.5.1 主动行为对工作-家庭界面双刃剑效应中介机制研究

主动行为虽然被广泛证实有益于组织，但主动行为也存在阴暗面。一方面，个体实施主动行为能够激发个体活力让个体体验到工作中的能量，而这些能量往往能够作为跨界资源促进其工作-家庭增益。但另一方面，主动行为实施需要个体深思熟虑而耗费工作时间，同时具有变革特征的主动行为可能遭到领导及同事的反对而导致个体产生焦虑情绪，即主动行为的实施也将消耗个体能量（时间压力、焦虑情绪）从而引发个体工作-家庭冲突。从目前的研究来看，主动行为对工作-家庭界面的影响及内在机制依然未被深入探究，仅有研究中依然存在较大争议（Harrison et al.，2016；Cangiano et al.，2017；Loi et al.，2018）。由此，本研究将基于能量视角整合主动行为的"阳光面"和"阴暗面"打开主动行为对工作-家庭界面影响的黑箱作为第一个突破重点。

1.5.2 主动行为对工作-家庭界面影响的情景机制研究

在组织与管理研究领域，引入调节变量是发展并完善情景特有理论的关键（贾良定 等，2017）。ten Brummelhuis 和 Bakker（2012）的工作-家庭资源框架及Collins（2004，2008）的研究中均提出了多层面能量在工作环境中对个体能量的补给扩充作用,但工作中能量作为一个新兴领域,相关研究尚处于起步阶段。本研究将引入多层面能量(如关系能量、集体能量)作为调节变量揭示工作中能量的补给扩充机制。本研究中通过在双刃剑效应模型中引入调节变量将更为深入地揭示主动行为对工作-家庭界面何时为"利之刃"及何时为"伤之刃"。

1.5.3 基于能量管理角度提出具有可操作性的对策及建议

Schwartz(2014)在《哈佛商业评论》发表的论文倡导企业推广员工能量管理计划,相对于传统人力资源管理实践,能量管理聚焦于员工动态心理(热情、活力、情绪及态度等)而更具有针对性。虽然员工能量管理已经在理论层面逐渐引发关注(Quinn et al.,2012;Fritz,Lam and Spreitzer,2011;Menges et al.,2016;Kahrobaei and Mortazavi,2016;诸彦含 等,2017),但能量管理在企业管理实践中的内容、框架及应用仍相对匮乏,对于大多数企业来说仍然是新生事物。

第2章 文献综述

2.1 工作-家庭界面研究综述

家庭与工作是个体生命的两个重要组成部分,二者如同导向轮和驱动轮,相互依存的同时又能够对彼此产生影响。一旦工作和生活发生变化,个体、组织和社会都会因此受到一定程度的影响。如果个体无法正确让工作和家庭处于相对平衡的状态,那么其就非常容易产生厌倦、焦虑、空虚等情绪,甚至引发家庭暴力、婚姻关系破裂、家庭成员之间关系淡漠。在这种情况下进行工作,其工作状态、工作效果和工作成绩必然会出现下滑,甚至有可能出现工作安全事故。相对应的,如果能够科学有效地协调工作与家庭之间的关系,会给个人、家庭与组织带来积极的影响,甚至有利于在整个社会形成一种和谐的氛围。Edwards 和 Rothbard(2000)对工作和家庭做出了如下定义,他们认为工作是一种工具性活动,是通过提供商品或劳动的方式获取生活物资。家庭是人的集合体,通过婚姻、社会习俗和生理关系作为个体之间联系的纽带。学术界对工作—家庭关系的看法,从整体角度看分为消极、平衡与积极等。工作-家庭冲突(work-family conflict)发生在不同角色之间,其发生的原因在于工作角色和家庭角色之间存在不能相容的部分(Greenhaus and Beutell,1985)。工作—家庭平衡(work-family balance),指的是个体能够同时担任工作角色和家庭角色,同时还能保持两个角色不出现失衡现象,并且能够在此过程中感受到获得感(Greenhaus et al.,2003)。在劳动力结构、家庭结构和工作特点发生较大幅度的变化之后,学术界也开始对该领域投入更多的关注。工作和家庭是现今成年人生活中的两个重要组成部分,但家庭结构的革新、技术的进步、竞争的白热化以及全球化的不断发展,进一步提升的管理工作和家庭之间关系的复杂性,甚至有可能成为"危机"的开端(Beauregard,2006)。家庭与工作之间的边界日益模糊,两者相互渗透的现象日趋明显。特别是互联网及时被应用到诸多领域之后,员工的公私时间界限出现了模糊,很多员工需要在私人时间完成工作任务,且这种现象正在成为一种常态(Hahn et al., 2013; Duxbury et al., 2014)。管理好两个相互关联领域是个体及组织需要面对的重要议题。大量的研究证实工作和家庭之间存在着冲突及对立的现象,即工作-家庭冲突(Eby et al., 2005; Greenhaus et al., 1985)。

2.1.1 工作-家庭冲突研究综述

1. 工作-家庭冲突定义

人类的大多数活动都可以被归纳到家庭和工作的范畴中,它们是个体生活的重要组成部分(Clark, 2000; Boyar, 2003),工作-家庭冲突指的是二者间存在的对抗性矛盾。不同的研究视角产生了对工作-家庭冲突不同的界定方式。角色理论认为,个体的家庭角色和工作角色之间处于互斥状态就是工作-家庭冲突,它会让二者发生冲突(Greenhaus and Beutell, 1985);边界理论认为,工作领域和家庭领域都是独立存在的,二者之间发生冲突就意味着二者之间的界限不清。家庭和工作的边界有两种类型,一是补偿、溢出的边界,二是分隔的边界(Edwards and Rothbard, 2000; Burke and Greenhaus, 1987)。在认同理论的体系中,社会身份的积极影响主要体现在角色投资和群体承诺两个方面,个体身份差异化的发展会导致价值观的多样化,这是工作-家庭冲突出现的诱因;文化理论拥有丰富的内涵,性别角色、聚焦性质、群体倾向与人本导向等都可以被涵盖其中;社会支持理论的特征在于其将研究的重点降低到工作-家庭冲突负面影响的方法上,这也是它有别于其他理论并吸引外界注意力的地方(Carlson and Perrewe, 1999; Thomas and Ganster, 1995)。在角色冲突的形式上,工作-家庭冲突主要以行为、压力与时间等领域作为划分的依据。基于时间的冲突指的是个体在分配工作时间和家庭时间时出现了分配不均衡的情况；冷漠、焦虑、愤怒等情绪都是基于压力产生的冲突所引发出的症状，角色压力也会对人产生消极的生理影响和心理影响，同时还会对其他角色的形成产生负面影响；基于行为的冲突指的是家庭角色和工作角色的行为存在矛盾点，在个体转换角色的过程中，出现了角色和行为不匹配的情况。工作–家庭的概念大多采用的是 1985 年 Greenhaus 提出的理论，他认为该冲突是工作角色压力和家庭角色压力发生冲突之后引起的，二者之间存在无法调和的矛盾。Greenhaus 认为二者间的冲突是双向的，因为冲突产生的原因不同可以分为工作→家庭冲突（work-to-family conflict，简称工作–家庭冲突）和家庭→工作冲突（family-to-work conflict，简称家庭–工作冲突）两种类型，引发它们发生的诱因分别来自工作和家庭。从冲突载体的角度看，工作–家庭冲突的形式分为基于时间的冲突（time-based conflict）、基于压力的冲突（strain-based conflict）和基于行为的冲突（behavior-based conflict）等形式。

2. 工作–家庭冲突的前因

Michel 等（2011）对针对2011年以前的142项研究通过元分析对工作–家庭冲突的前因变量进行了总结：工作–家庭冲突的前因变量有工作角色压力、家庭角色压力、工作角色卷入、工作社会支持、家庭社会支持、工作特征及人格特征等，而家庭–工作冲突的前因变量包括家庭角色压力、工作角色压力、工作社会支持、家庭社会支持、家庭特征及人格特征等。

（1）个体变量

个体变量指两种变量，一是人格变量，二是人口统计学变量，前者包含消极情感、人格特征等内容，后者在多数情况下指的是性别信息。

人口统计学变量。当今的劳动力结构和家庭结构虽然较以往有很大不同，但研究结果表明，对于女性来说，家庭工作的压力要远高于社会工作，家庭工作出现问题会让女性产生负罪感。所以工作–家庭冲突的表现存在性别差异。很多研究者都发现了这种现象，但是他们的研究结论却各不相同。部分研究者认为女性体验到工作–家庭冲突与家庭–工作冲突的频率和深度要高于男性，而另一部分研究者的结论则完全相反。还有一部分学者认为性别差异更多地发生在工作-家庭冲突上,而在家庭-工作冲突上表现得不明显。也有学者认为不同性别的个体对于工作-家庭冲突与家庭-工作冲突的体验是趋同的。上述研究结论都没有在研究过程中对工作-家庭冲突与家庭-工作冲突的类型加以区分,如果引入这一程序研究的结果会更为细致化。Carlson(2000)的研究结论就是一个非常典型的例子,该研究团队发现女性经历的工作压力产生的家庭-工作冲突的频率高于男性。

人格变量。人格特征在一定程度上决定了个体感知、评价外界的方式,还会对其情感和行为表现产生影响。人格特征与工作-家庭冲突关系的在学术界并不是热门的研究课题,能够影响人格特征的因素包括A型人格、负面情感、自我效能感以及大五人格维度等。Carlson(1999)认为,负面情感能够对一切事物产生影响,A型性格则具备更强的预测功能。负面情感能够影响工作和家庭压力,使个体所处的环境发生变化,并以此影响工作-家庭冲突以及家庭-工作冲突。对工作-家庭冲突、家庭-工作冲突的影响是间接的。另外,研究结果显示,外向性、宜人性、责任心等都能够对家庭关系产生正面影响。自我效能感越强,发生工作-家庭冲突的概率就会越低,其对家庭-工作冲突的影响力要远强于工作-家庭冲突。上述理论足以证明,人格变量对工作-家庭冲突有较强的作用。因此,环境因素并不是导致工作-家庭冲突发生的决定性因素,人格变量的问题也应该得到足够的关注。Allen等(2012)通过元分析的研究发现具有消极特征的人格(消极情感及神经质人格)的个体更有可能陷入工作-家庭冲突,而具有积极特征人格(积极情感、自我效能)的个体能够抵御工作-家庭冲突。Liu等(2013)基于边界理论通过对233名中国员工的研究发现,"工作狂"将引发个体的工作-家庭冲突。个体在不同年龄阶段遭遇的工作-家庭冲突也呈现较大差异,Huffman等(2013)通过1997年对3 552名雇员及2002年的2 582名雇员的研究发现,个体在30~45岁的阶段遇到工作-家庭冲突及家庭-工作冲突是最高的,45岁后的个体其双向冲突则处于下降趋势。

(2)工作层面变量

工作压力、工作特点、工作卷入等都是工作层面的变量,工作角色模糊化、工作超载及角色矛盾也属于工作层面的变量。该变量对工作-家庭冲突具有一定的预测性，二者之间是正向相关的关系。研究结果显示，工作压力与工作−家庭冲突、家庭−工作冲突存在一定的关联性，对它们的所有类型进行研究能够得出以下结论：Carlson（2000）认为，工作角色冲突主要包括工作时间、工作需求和工作资源的冲突。在工作−家庭冲突中，工作时间作为变量的重要性是不言而喻的，工作时间和家庭时间之间是此消彼长的关系。工作−家庭冲突会因为生理需求、心理需求和工作需求的变化而发生一定程度的变化，如果个体对于上述因素的期待值较高，他对工作−家庭冲突的感受就会越深。工作的控制感、自主性以及由其产生的自豪感都属于工作资源，它与工作−家庭冲突、家庭−工作冲突之间存在反向相关的关系，该要素与工作−家庭冲突、家庭−工作冲突的关联性的强弱，和个体控制感之间存在正向相关的关系。工作资源的丰富，有助于工作和家庭的互促互进。因为工作资源的充足能够让员工感受到满足，并体验到掌控权利的感觉。研究结果显示，工作资源能够在一定程度上缓解工作和家庭之间的冲突。基于压力的工作−家庭冲突和角色模糊之间存在较强的关联性，这种情况也存在于基于行为的工作−家庭冲突之间。个人在工作过程支出的时间成本和专注力就是工作卷入，它和个体对工作−家庭冲突的体验度正向相关。Halbesleben，Harvey 和 Bolino（2009）的研究发现，高度敬业的员工由于主要将心理资源投入到工作之中，这将导致其体验较多的工作−家庭冲突。DiRenzo，Greenhaus 和 Weer（2011）对美国 1 090 名受访者的研究发现，由于高职位层级的工作要求更高，因此层级高的员工往往比层级低的员工要经历更高水平的工作−家庭冲突。La pierre 和 Allen（2012）通过对加拿大多部门的 354 名员工的研究发现，对于那些工作中具有较多实施计划行为的员工来说，工作中控制感能够预测较低的工作−家庭冲突。Matthews，Swody 和 Barnes-Farrel（2012）通过对 383 名全职雇员的研究发现工作角色凸显会导致个体实施更多的工作卷入行为进而增加其工作时间而导致工作−家庭冲突。Carlson 等（2012）基于 328 名参与者考察虐辱型领导对下属工作−冲突的影响发现，虐辱型领导既可以直接影响下属产生工作−家庭冲突及家庭−工作冲突，也可以通过影响下属的情绪劳动及情绪耗竭链式中介效应影响下属产生工作−家庭的双向冲突。Derks 等（2016）

依据边界理论调查 71 名员工的研究发现，员工每日手机的使用将导致每日的工作-家庭冲突。Yi 等（2016）基于资源保存理论并采用源自中国的 187 名导师的问卷调查发现，导师感知到的师生间的人际问题（interpersonal problems）将导致导师的情绪耗竭并最终致使其出现工作-家庭冲突。

（3）家庭层面变量

家庭角色压力、家庭角色冲突和家庭角色模糊等都属于家庭研究的范畴。Byron（2005）使用元分析的方法进行研究，他发现在诸多家庭层面的变量中，对家庭-工作冲突影响力最大的变量是家庭角色压力和家庭角色冲突。这些因素对工作-家庭冲突、家庭-工作冲突的影响力差异较小。如果将工作-家庭冲突与家庭-工作冲突同时纳入研究范围内，可以发现家庭-工作冲突和家庭角色冲突之间的强关联性并不受类型的限制。角色模糊能够在很大程度上决定基于行为家庭-工作冲突的状态。在研究家庭卷入的过程中能够发现，个体对家庭-工作冲突的体验感和该元素之间存在极强的关联性。当员工完全卷入家庭时，其工作和家庭大概率会进入失衡状态。对其进行深层次分析之后能够发现，女性的家庭卷入越强，其对工作-家庭冲突的感觉就越强烈，因为女性更加看重家庭的价值，如果工作所需的投入影响到了她们对家庭的投入，她们就会认为工作对家庭产生了负面影响。婚姻状态、子女数量和年龄都能够体现出家庭的特征，在工作-家庭冲突体验感方面已婚者较未婚者更为突出。在工作-家庭冲突的问题上，双职工能够对彼此产生影响，丈夫的工作-家庭冲突强度会引发妻子工作-家庭冲突强度的变化，妻子的倦怠感也会让丈夫的工作-家庭冲突、家庭-工作冲突以及倦怠感产生波动。个体对家庭-工作冲突的体验感和其子女数量之间存在正向相关的关系，可以将其作为预测家庭-工作冲突的变量。该领域是学术界的重点课题，但是很少有研究者会关注到子女的年龄对工作-家庭冲突的影响。现有的研究结果显示，它也是能够导致工作-家庭冲突发生变化的变量，但是这种影响对于不同的家庭成员来说力度是不同的。母亲受子女年龄的影响更大。母亲对工作-家庭冲突与家庭-工作冲突体验感的最高值一般出现在子女年龄小于等于 12 岁的时候。当子女处于这一年龄段的时候，母亲分配给家庭的时间会更多。在子女年龄处于 13～18 岁的区间时，母亲对工作-家庭冲突与家庭-工作冲突的体验感会出现大幅度的降低。因此，后续的研究应该将夫妻双方都囊括到研究范围之内，兼顾子女年龄这一变量，以便更加深入地了解工作-家庭冲突。Matthews，Swody 和 Barnes-Farrel（2012）通过对 383 名全职雇员的研究发现，家庭角色凸显将带来个体更多的家庭卷入行为进而导致其家庭-工作冲突。Li 和 Shaffer（2015）基于资源保存理论采用美国 MIDUSI 调查数据中的 1995—1996 年在 25 岁与 74 岁之间的 4 963 名参与者的问卷调查中发现，儿童照看需要将导致个体的工作-家庭冲突进而降低其工作及生活满意度。

3. 工作-家庭冲突的结果变量

结果变量由三个部分共同组成，即工作后果、家庭后果和个体后果。组织承诺、工作满意感、离职退休意向等都属于工作后果；个体对家庭以及生活的满意度则被归纳为家庭后果的范畴；而在个体方面则主要涉及个体心身健康。Amstad 等（2011）通过对 356 项研究的元分析发现工作-家庭冲突对工作变量具有一定的预测作用，这里的变量包括工作满意度、组织承诺、离职倾向、职业倦怠、组织公民行为及工作相关压力等，而家庭-工作冲突能够更为有效地预测家庭相关的结果变量，例如婚姻满意度、家庭满意度、家庭相关绩效及家庭相关压力等。

（1）工作后果

①工作行为与工作绩效

Zhang 等（2012）基于角色理论通过对中国的 264 名经理人的调查研究发现，家庭-工作冲突将导致其出现离职倾向。Ferguson 等（2012）基于 344 名美国受访者的研究发现，工作-家庭冲突将导致个体在工作场所中产生偏离行为。Scott 等（2015）针对 300 名全职员工的调查研究发现了工作-家庭冲突给企业带来的危害，即当员工感知到工作-家庭冲突时候将导致其较低的组织匹配感进而引发其社会阻抑行为。Liu 等（2015）基于自我决定理论采用每日经验法对 125 名员工进行一天的四次调查，研究证实员工在午间感知到的家庭-工作冲突将导致其情绪耗竭进而引发其对上司和同事的侵犯行为以及晚间对家庭成员的侵犯行为。Nohe 等（2014）基于个体层次对95个研究样本的研究发现，家庭-工作冲突将直接或间接通过个体的工作专注性损害个体的工作绩效。Turner 等（2014）通过对英国多部门的员工研究发现，个体的工作-家庭冲突及家庭-工作冲突都会给员工带来心理压力进而引发不安全的工作行为，最终导致工伤的出现。Li，Bagger 和 Cropanzano（2015）针对 277 名受雇用的男性和女性样本研究发现，工作个体的工作家庭会影响领导感知到的下属的工作-家庭冲突水平，进而影响领导对其进行绩效评价。Buonocore 和 Russo（2013）的以意大利护士为研究样本发现基于时间的工作-家庭冲突及基于压力的工作—时间冲突将影响个体的工作满意度。

②工作满意感与组织承诺

Mesmer-Magnus（2005）采用元分析的方法进行研究后发现，个体的工作满意感和其工作-家庭冲突之间存在极为紧密的联系，学术界的大多数学者对于这一研究结论的是认可的。将维度作为研究切入点可以发现，多维工作-家庭冲突比单维工作-家庭冲突的预测准确性更高。目前多数研究都将单维作为研究对象，但是学术界对此并未达成一致意见。有学者认为家庭-工作冲突能够对工作满意感进行预测，工作-家庭冲突不会导致这一变量发生变化。持这种观点的学者认为，工作对家庭产生负面影响是可以接受且普遍存在的，多数人并不会将家庭视为工作的阻碍。当干扰发生之后，个体将会感知到冲突的存在。还有一部分学者认为，在预测工作满意度方面，工作-家庭冲突的作用远高于家庭-工作冲突的作用，后者在该领域的影响较为有限。此外，还有研究结果表明工作-家庭冲突与家庭-工作冲突在工作满意度的预测上的作用相当。站在研究方法的角度看，采用纵向研究和配对评价法所得到的结论，以及采用横向研究和自我报告法得到的结论存在部分重合的情况。研究结果显示，在女性能够对其情感、工作特征等变量具有较高掌控度的时候，她的工作-家庭冲突具备预测其未来工作满意度的功能，这里的工作-家庭冲突有两种获得途径，一是对其丈夫进行评价，二是进行自我报告。该研究结果应该得到足够的关注，如果工作和家庭对个体的影响是正向的，个体的工作满意度也会受到积极的影响。员工的组织承诺会因为工作满意感和工作-家庭冲突发生变化而变化。和多数个体比较后可以发现，工作卷入程度高的人很多都是高组织承诺者。他们对家庭-工作冲突的体验感要远高于对工作-家庭冲突的体验感。有学者认为，由于员工的组织承诺是无法进行监督的，工作-家庭冲突的预测功能受限，这一问题需要进一步地深入研究。Lu 和 Kao（2013）基于对中国台湾地区的 310 名员工的纵向调查研究发现，工作-家庭冲突将给员工带来压力并影响其后续的工作满意度。Buonocore 和 Russo（2013）的以意大利护士为研究样本，发现基于时间的工作-家庭冲突及基于压力的工作—时间冲突将影响个体的工作满意度。

③离职与退休意向

当工作-家庭冲突处于较高水平时，个体可能会选择停止工作，因为这能够消解工作和家庭之间的矛盾。研究结果显示，工作-家庭冲突能够对个体的离职行为做出有效的预测。工作-家庭冲突和家庭-工作冲突也有同样的效果，有研究证明前者的预测力要强于后者。如果工作对家庭产生负面影响，员工选择辞职的可能性更大。Raymo（2006）曾经以 52 至 54 岁的人作为研究对象进行退休问题研究，这项纵向研究持续了 10 年，结果显示，工作-家庭冲突、家庭-工作冲突能够影响个体对退休时间以及退休状态的选择，且这种影响是决定性的。学术界在这一问题上的观点较为趋同。Billing 等（2012）对美国、加拿大、印度、印度尼西亚及韩国的白领员工进行研究后发现，工作-家庭冲突将引发其心理压力进而导致员工出现离职倾向。

④工作压力与身心健康

多数情况下，工作压力会被视为前因变量，能够引发并影响工作-家庭冲突，部分学者认为它是后因变量，工作-家庭冲突对于个体工作压力具有一定的预测作用。个体在面对工作压力和冲突时，必然会产生倦怠感。有学者认为工作-家庭冲突能够在一定程度上对工作倦怠的情况做出预测，家庭-工作冲突和个人成就感存在反向相关的关系。对于工作压力属于前因还是后果的问题，还需要进一步的论证。Wang 等（2010）通过对 57 名中国工人的研究发现，个体每日经历的工作-家庭冲突将显著预测其每日的酒精饮用情况。Shockley 和 Allen（2013）通过对 126 名个体采用经验取样法的研究发现工作-家庭冲突对个体的心血管健康指标（血压及心跳）有显著的消极影响。Moen等（2016）针对748名高级技术工人的研究发现工作-家庭冲突能够显著预测精神健康。

（2）家庭后果

家庭满意感、生活满意感和婚姻质量都被囊括在家庭后果的范围之内。当下的理论能够证明，工作-家庭冲突和家庭后果之间存在反向相关的关系。如果工作和家庭能够对彼此产生积极的影响，那么个体对生活的满意度将会有所提升。研究结果显示，工作-家庭冲突、家庭-工作冲突和家庭满意感之间不存在关联性，后者越强的个体的生活满意感越低。有学者对此持相反的观点，他们认为工作-家庭冲突对家庭满意感/生活满意感具有一定的预测作用，但是家庭-工作冲突与上述两项内容没有太大的关联性。配偶生活满意度对女性生活满意度的影响应该得到关注，该问题应该成为研究内容之一。在对婚姻质量进行纵向研究之后能够发现，婚姻主体的情绪和工作-家庭冲突存在反向关联，工作-家庭冲突能够作用于婚姻的质量和稳定性。工作-家庭冲突和婚姻质量的关系需要更加深入的研究。横截面研究法是当下主流的研究方法，使用这种方法能够发现工作-家庭冲突对个体的消极作用，但Matthews，Wayne和Ford（2014）通过对432名参与者的两次跨期的研究发现，在短期内，工作-家庭冲突能够负向预测个体的主观幸福感，但在更长的时间内，工作-家庭冲突将正向预测个体的主观幸福感，而这主要是由于个体往往在更长时间内可以对负向生活事件及生活环境进行有效的心理调适和心理适应（Seery et al., 2010）。

（3）个体后果

研究发现工作-家庭冲突对个体健康有一定影响。Nohe（2014）在针对工作-家庭冲突与压力之间关系的元分析的研究显示，无论对于男性员工还是女性员工来说，工作-家庭冲突及家庭-工作冲突都会提升其压力水平，但相对于家庭-工作冲突来说，工作-家庭冲突给个体带来的压力水平更高。工作-家庭冲突与抑郁之间存在一定的联系，它会危害生理健康，引发高血压等疾病。研究结果显示，工作-家庭冲突与家庭-工作冲突的个体体验水平和去主观幸福感之间反向相关，很多负面情绪、生理症状都受其影响。综上，工作-家庭冲突对个体的影响存在于生理和心理两个方面，因为该领域的研究较为有限，所以需要更多的投入。

2.1.2　工作-家庭增益研究综述

单纯聚焦于工作家庭冲突，会导致对工作-家庭界面相互作用的了解趋于片面化。很多学者已经意识到工作和家庭是可以对彼此产生积极作用的，这就是工作-家庭促进（work-family facilitation）。工作-家庭关系的积极作用由四项内容组成，具体包括工作-家庭积极渗溢、工作-家庭增强、工作-家庭促进与工作-家庭增益。工作-家庭增益（work-family enrichment）指的是个体某一角色经历的层架，能够使其另一角色得到积极的影响（Greenhaus 和 Powell，2006）。工作-家庭增强（work-family enhancement）指的是个体的物质和技能足以应对外界危机。工作-家庭积极渗溢（work-family positive spillover），指的是情绪、技能、行为与价值观等流入其他领域，促使两个领域相似度提升，工作-家庭正向溢出指的就是工作-家庭积极渗溢（Edwards，2000）。工作-家庭促进（work-family facilitation）亦被称为工作-家庭助长，即一个领域的收益使另一领域的功能得到强化（Wayne 等，2004）。Carlson 等（2006）对上述概念进行了甄别，工作-家庭增益的重点，在于一种角色的经历能够使其他角色的情感和工作成绩得到提升；工作-家庭增强强调收益对跨域活动的作用；工作-家庭积极渗溢的侧重点在于经历在不同领域发挥作用；工作-家庭促进关注体系性的变革。Carlson 等（2006）的研究有一定价值，但是系统性和清晰度方面还有一定进步空间。

1. 相关概念辨析

工作-家庭关系积极方面由工作-家庭积极渗溢、工作-家庭增强、工作-家庭促进与工作-家庭增益等共同组成，积极渗溢（positive spillover）、增益（enrichment）和促进（facilitation）是其中影响力相对较大的因素，它们代表了研究导向。在对工作-家庭增益进行深入研究前必须充分理解上述三个概念。

（ ）1工作-家庭积极渗溢

积极渗溢诞生于 1984 年，其提出者 Crouter 认为，个体通过角色活动取得的收益,在与之对应的角色领域内是可以完成迁移的,且这种迁移所产生的影响是积极正面的。Edwards(2000)认为,工作-家庭积极渗溢(Work-Family Positive Spillover)指的是体验在不同领域之间流动,体验可以是精神层面的,也可以是物质层面的,体验流动会让两个领域趋同。情感、价值观、技能和行为都属于可以流动的体验,这种流动在工作家庭的框架下是可以相互流动的。比如个体的工作成绩得到了上级的肯定会拥有好的情绪,这种情绪可以持续到其回到家中,有利于家庭主体之间的沟通。依照上述理论,情感、价值观、技能和行为在工作家庭的框架内发生的迁移,其产生的影响并非消极的。

(2)工作-家庭增益

工作-家庭增益在含义上等同于工作-家庭丰富,其概念是指角色经历对其他角色的质量产生正面影响(Greenhaus and Powell,2006)。所谓增益就是个体能够在工作和家庭生活过程中获取的东西,例如尊重。增益有助于个体角色表现的提升,该领域聚焦于个体通在工作或家庭生活中所获得的经验,能够对其工作和家庭生活产生正面的推进作用。换言之,就是让个体通过在A领域获得的资源,提升其在B领域的表现,从而引发增益效果。通过工具性途径和情感性途径都能够达到这一效果,前者指的是使用资源收益提升表现,后者指的是通过正面情感的培养提升个体表现。

(3)工作-家庭促进

工作-家庭促进概念是指个体在工作或者家庭生活过程中获得的资源能够使其在其他领域担任角色的过程中整体能力(家庭、工作系统的整体运作)获得提升的程度(Wayne 等,2004)。这里的资源指的是情感、资本、效能感等内容。比如个体通过工作换取生活物资,让家庭生活水平得到有效提升,同时家庭成员之间的关系也会因此得到进一步的强化。积极渗透聚焦于个体特征收益在发生领域迁移之后,能够对个体产生怎样的正向反馈。这里的个体特征收益包括价值观、行为、情感、技能等。此外,资本收益在迁移过程中所产生的影响也是值得关注的,这里的资本包括金钱、工作、报酬和社会关系等内容。和增益相比,促进更加关注系统整体的完善和优化,而增益更加注重个体的提升。比如良好的家庭生活能够让个体拥有一个良好的精神状态，在这种精神状态积极增益的工作过程中，能够提升其工作效率和工作效果，但是它对于整个工作系统的影响是较为有限的。个体很难提升团队的工作效率，也无法让团队成员的关系得到根本性的改善。工作-家庭促进是围绕着系统论思想进行的，同时这也为研究者预留了将积极渗溢和增益统合为一个整体的空间。一方面，积极渗溢、增益和助长都在描述迁移所带来的影响，但是前者更加关注过程，而后两者更加聚焦于系统因迁移行为所产生的变化。另一方面，三者聚焦的关键点的个体水平和系统水平层面均存在差异，增益更加看重个体层面所发生的正向改变，而促进则更加关注系统发生了变化。

2. 工作-家庭增益的理论及发生机理

（1）工作-家庭理论假说

Sieber（1974）提出的角色加强假说认为，个体所担任的不同角色能够对彼此产生积极的影响，在此过程中个体获得的收益可能会高于投入的各种资源。在担任不同角色的过程中，个体能够获得精神层面的满足，并以此来抵消过程中产生的压力，并获得相关的收益，例如地位保障、角色特权等。角色间的促进方式是相对多元化的。例如在某一决策活动中掌握的技能，能够被应用到另一决策活动过程中。在某一角色上所获得的情感价值，也能够对其他角色产生有益的影响。此外，角色的多样化还能够让个体接触并掌握到更加丰富的知识，使其自我概念（self-image）和灵活性都得到进一步的强化，为其提供获得更多社会知识的渠道。虽然担任多重角色，但对于个体来说这确实也是压力的来源，其他过程中获得的收益能够使其更好地完成这项任务，让诸多角色处于相对平衡的状态。

（2）工作-家庭增益机制模型

Grzywacz 等在研究过程中引入了系统论，完成了工作-家庭增益机制理论模型的构建。该模型由角色投入、催化过程和正性增长的生成等三个模块组成，如图2-1所示。

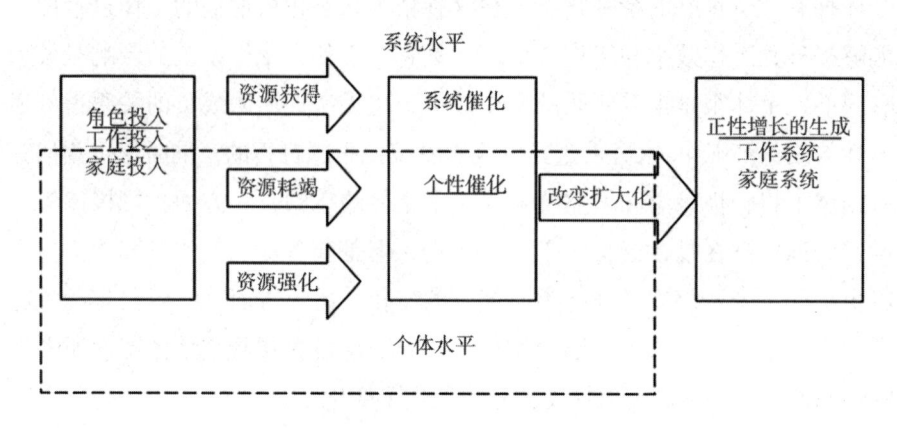

图 2-1　工作-家庭增益发生机制模型

其中角色投入是个体在担任某个角色的时候，所为其投入的各种资源。为了完成角色，个体需要在认知层面和心理层面针对实际情况做出一定的调整，同时还需要投入资源和时间。这样的做法能够引发三种结果，即资源获得（resource acquisition）、资源耗竭（resource drain）和资源强化（resource enhancement）。资源耗竭指的是个体在担任某一角色过程中所消耗的不同类型的资源。资源强化指的是角色投入给个体带来的精神层面的收益，知识技能、社会支持等都可以被囊括在这一范畴之内。显然，角色投入所带来的影响既有可能是正面的，又有可能是负面的。经过这一阶段之后，才有可能出现家庭促进。催化过程是能够导致系统内容发生变化的时间和条件。在工作-家庭增益过程中，如果角色投入所带来的收益迁移自其他角色活动的领域，能够对其产生积极的影响，那么这一催化过程就是值得关注的。作为催化剂它能够对系统产生积极的影响。换言之，工作和家庭对于个体来说属于基础系统，个体在该系统内扮演角色所获取的收益，将会成为其对该系统进行完善和优化的基础。整个计划过程由个体催化和系统催化共同组成。前者聚焦于个体通过角色投入所获得的收益，包括因为抚育孩子所获得的耐心，因为协助上下级进行沟通锻炼出的细心。后者则更加关注可以通过角色投入给系统带来的其他成分，或者其对系统所产生的积极影响。这里的其他成分指的是工作家庭关系中的其他主体，包括同事、配偶、子女等。多数情况下，很多组织在制订福利计划的过程中会采用系统催化，在不需要主体参与的情况下提升家庭生活的质量。由此可见，个体催化和系统催化在资源来源方面存在一定区别，前者资源主要来源于资源强化后的资源，这主要来源于角色投入所带来的回报。最后，正性增长的生成，在该语境中，增长指的是系统运行过程中的核心过程和核心特征的强化。工作中和家庭中的正性增长的表现是存在一定差异的，前者主要体现为人际关系、决策机制以及领导核心能力的优化，后者主要体现在时间和精力分配的科学性，家庭成员之间的交流效果以及更加灵活地解决问题的方法。上一阶段的个体催化和系统催化本质上都处于改变扩大化的框架之下，它们对于增进增长的存在是有意义的。作为一种运行机制，它拥有自我革新和管理的能力。通过增强外部系统促使部分初始改变在系统内部复制的过程就是改变扩大化。换言之，角色投入引发的个体催化和系统催化给系统带来了正面的影响，导致其内部出现了初始改变，而这些初始改变经过不断复制演变为正性增长。比如个体在扮演工作角色的过程中取得了经验，能够使其更加适应家庭生活，并对整体的生活质量进行一定程度的优化。如果个体能够在家庭生活中保持一个相对积极的精神状态，那么其工作绩效将会得到有效提升，在工作遭遇问题的时候能够通过更加灵活的角度解决这些问题，团队成员之间将因此更具凝聚力。

3. 工作-家庭增益的前因和后果

工作-家庭增益和工作-家庭冲突之间并非一体两面，在理论层面它们是完全不同的存在。个体可能同时经历冲突和增益。

（1）工作-家庭增益的前因

①工作特征

Grzywacz 等认为，工作-家庭增益发生的前提是工作能够为员工提供足够的物质支持，以及具备多元化属性的工作环境。Wyane 等（2007）提出的工作-家庭增益模型中提出，工作丰富化及发展机会可以作为能量资源、工作声誉及工作地位可以作为条件性资源有助于促进个体的工作-家庭及家庭-工作的双向促进。Wyane 等（2007）虽然基于"资源—积累—发展"模型提出了工作-家庭增益模型，但并未对该模型进行实证研究。Ilies 等（2009）基于多元、多方法的纵向研究发现在控制了员工下午情绪变量后工作满意度能够显著影响个体在家庭中的情绪。Siu等（2010）基于广东东莞的一家眼镜工厂的纵向研究发现工作自主性及领导支持能够显著预测工作-家庭增益，而家庭友好组织政策及上司支持也可以通过激发个体的工作敬业度间接影响工作-家庭增益。Sanz-Vergel等（2010）通过西班牙的研究样本证实日间休息后的工作压力和恢复能够显著预测工作-家庭增益。Zhang等（2012）针对中国山东和黑龙江两省的企业的多名员工的实证研究发现，下属感知的服务型领导风格能够通过提升员工的组织认同进而提升其工作-家庭增益。Ho等（2013）在针对中国上海和济南两个城市中的306对夫妇的研究发现，感知到的工作支持对妻子的家庭-工作增益有积极影响。Oi等（2015）基于"资源—积累—发展"模型针对276名中国员工的跨期研究发现，主管支持既可以直接提升下属的工作-家庭增益也可以通过提升下属的工作满意度而提升其工作-家庭增益。Tement和Korunka（2015）依据工作需要-资源模型的研究发现，工作资源能够正向预测工作-家庭增益而工作需要则显著负向预测工作-家庭增益。周路路和赵曙明（2010）基于工作要求—资源模型证实了工作中的时间要求对工作-家庭增益的消极影响。

②个体特征

Wyane等（2007）提出的工作-家庭增益理论模型中，个体差异变量（如积极情感、自我效能感等）对工作-家庭增益有显著积极影响。Van Steenbergen等（2007）针对金融部门352名员工的研究发现，相对于男性员工，女性员工能够体验更高水平的工作-家庭增益。Michel和Clark（2009）通过对187名来自不同部门的员工实证研究发现，积极情感能够有效促进工作-家庭增益及家庭-工作增益。Chen等（2009）的实证研究发现个体工作-家庭分割偏好一致性能够显著预测工作-家庭工具性积极渗溢（work-to-family instrumental positive spillover）。Culbertson等（2012）通过对美国245名员工的实证研究发现，工作敬业度能通过增加个体在工作场所及家庭中的积极情绪进而提升其工作-家庭增益水平。Andreassen等（2013）在针对661名荷兰"工作狂"员工的研究中发现，工作狂状态中的四个维度中，工作卷入与家庭-工作积极溢出正相关而与工作-家庭消极溢出负相关。内在动机与工作-家庭消极溢出及家庭-工作消极溢出正相关，享受维度与家庭-工作积极溢出及工作-家庭积极溢出正相关。McNall等（2015）针对161名员工的跨期研究发现，拥有积极情感的个体能够提升其工作-家庭增益，同时具备整合工作和家庭能力的个体，能够对工作-家庭增益产生积极影响，但是对家庭-工作增益的影响并不显著。Litano等（2015）的基于元分析的研究发现领导成员交换与工作-家庭增益及家庭-工作增益呈显著正相关。卞纪兰和钱阳阳（2016）对72家企业527份有效数据的研究发现企业的工作-家庭文化可以激发员工的工作投入行为进而提升其工作-家庭增益。

（2）家庭因素

由于家庭可以为个体提供工具性建议及情感支持，这将对其工作-家庭增益产生积极影响（Grywacyz 和 Marks，2000）。Siu 等（2010）的研究证实家庭支持不能直接预测个体的家庭-工作增益，但可以通过工作敬业度间接影响工作-家庭增益。Ho 等（2013）针对中国上海和济南两个城市中的306对夫妇的研究发现，个体家庭导向（family orientation）和家庭支持对丈夫和妻子的工作-家庭增益均有积极影响。Oi 等（2015）基于"资源—积累—发展"模型针对276名中国员工的跨期研究发现，家庭支持能够通过提升个体的家庭满意度进而提升其家庭-工作增益发展、家庭-工作增益情感及工作-家庭增益效能。

（3）工作-家庭增益的结果

①身体健康

个体的心理状态、酗酒频率以及幸福感和工作家庭的积极渗溢状况存在一定的关联性。Grzywacz（2000）在研究过程中发现，积极渗溢和个体的心理健康水平之间存在正向相关的关系。如果家庭-工作积极渗溢能够保持在较高的水平，发生酗酒行为的概率就会大大降低。曾经有学者对已经参加工作且需要赡养父母的成年女性进行过调查研究，Stephens（2000）等研究者发现，个体的工作-家庭积极参与，能够对个体的幸福感产生积极的影响，Hammer（2011）等人发现，如果个体的家庭配偶在工作-家庭积极参与方面有较为突出的作用，那么一年后发生紧张症状的概率就会大幅度地降低。二者之间呈现出纵向的反向相关关系。Innstrand 等（2008）通过对 8 个职业群体中的 2 235 个研究样本的纵向研究发现，工作-家庭促进对职业倦怠有显著的消极影响。Rodrı́guez-Muñoz 等（2014）在基于 50 对西班牙夫妇的实证研究中发现，越敬业的员工越能体验到家庭中的幸福感，同时也会提升伴侣的家庭幸福感，该研究从侧面证实了工作对家庭的积极渗溢。Zilioli 等（2016）在对 33 对 80 岁的 2 022 名个体的研究发现，工作-家庭的消极溢出将显著预测更低的皮质醇值及更为平缓的皮质醇斜率（皮质醇浓度从早到晚的下降速率）。罗萍（2015）基于角色扩张理论与资源守恒理论以 241 名公司员工作为被试对象研究证实，工作-家庭增益对主观幸福感有显著的正性影响。

②工作结果

工作结果方面，Haar 和 Bardoel（2008）通过对 420 名澳大利亚的员工的实证研究发现，工作-家庭增益能够显著降低个体的离职倾向及心理压力，同时对家庭-工作增益有显著的积极影响。而家庭-工作增益则能够显著预测家庭满意度。Roche（2010）基于自我决定理论通过对新西兰的 418 名中层经理的研究发现，工作-家庭增益与自主性需要正相关，而家庭-工作增益与胜任需要及关系需要负相关。此外，工作-家庭增益可以提升个体的工作绩效（Witt et al.，2006；Graves et al.，2007），其作用机制主要来源于角色积累及资源保存机制。Carlson 等（2014）在针对 310 名员工的研究中发现，工作-家庭增益对工作满意度兼具直接和间接的积极影响。Carlson 等（2011）基于情绪事件理论证实工作-家庭增益可以通过激发下属的积极情绪及工作满意度链式中介间接影响其工作绩效。Russo 和 Buonocore（2012）通过对意大利公立医院中的 179 名护士的研究发现，工作-家庭增益可以通过提升其个体承诺及工作满意度进而降低其离职倾向。张伶和聂婷（2013）对 1 795 名中国在职员工进行了深入的调查和研究，结果显示工作-家庭增益能够作用于员工的在职行为，即工作-家庭增益能够让良好的家庭情感环境在工作场景发挥其价值，使员工能够以更加积极主动的态度去面对工作。

③家庭结果

Vieira等（2016）346对双职工夫妇的研究发现，工作-家庭增益对夫妇的抚养经验有积极影响，特别是对于丈夫来说，工作-家庭增益能够提升其抚养胜任能力及父母-儿童依恋质量。

2.2 主动行为研究综述

组织在经济时代已经发现它们的不确定性随着时代的发展越来越高，如果想要在竞争中占据优势地位，就需要进一步激发员工的主观能动性。在理论层面，主动行为和前摄行为在概念上并无太大差异。自 Bateman 和 Crant（1993）是最先以主动性人格（proactive personality）作为研究切入点，对员工的工作主动性进行深入研究的学者。将公共场所的主动行为（proactive behavior）作为具体研究对象的研究，其后续范围已经扩展至整个组织行为领域，引来了很多专家学者的关注。

2.2.1 主动行为的提出

1. 现实背景

Hackman 和 Oldham（1976）提出的工作特征模型认为，员工需要适应工作特征才能产生高的绩效。由此，在企业人力资源管理过程中，以为岗位寻找到一些相匹配的工作人员为目的。企业在对员工进行培训管理的过程中，经常会根据工作说明书的内容制定相关规定，员工的日常工作行为也被框定在这个框架之内。但是随着市场竞争的白热化以及经济全球化的发展，旧有的工作模式已经无法满足当前时代对创新性和不确定性的要求。员工过去的消极、被动式地接受工作任务的模式已经无法和当下的动态时代背景相匹配，组织需要员工在不断变化的工作场景中，提升其对环境的掌控力，主动发现和解决问题，环境的变化引发了研究者对工作场所主动行为的关注。

2. 理论背景

积极心理学以及认知理论是从20世纪60年代开始逐步发展起来的。它们的存在推动了组织行为学的研究，并且让更多的人将注意力投放在积极优势和心理能力领域。例如，Bandura（1977）提出的社会认知理论认为，个体在面对外界环境时，可以通过反思及自我调节对外界进行认知和改造，社会认知理论并不认同个体行为是外界环境刺激的产物。社会认知理论本质上是行为环境因素以及社会的综合体。Locke（2002）提出的目标设置理论也认为个体的行为依赖于对未来成功与失败的评估，强烈的目标会激励个体努力追求目标，因此，目标追求过程中，个体不是仅仅对组织激励进行被动反应。20世纪末，Luthans等美国管理学家将积极心理学思想引入组织行为研究之中，创建关注于人的积极导向心理特征的积极组织行为（positive organizational behavior）研究，研究角度的转换为促使研究人员将积极心理状态和主动性作为研究对象和课题。

2.2.2 主动行为的内涵

1. 主动行为的概念

主动行为的概念已在多个研究领域之中被提及，牛津词典（1996）中有关于主动行为的概念，它是一种主动性措施，行为人会在事件发生之前主动采取措施，或者在已经预见未来的情况下，提高行为人对主体的掌控度。在早期关于主动行为的研究中，学者往往从个体的个性入手，Swietlik（1968）提出的最早的关于"主动性"个性和"反应性"个性的理念，被埋没在了学术界的理论中。不同学者已从不同研究视角界定主动行为，比较有代表性的观点包含以下几种。

（1）人格特质观点

主动行为的研究可以追溯到Swietlik（1968）关于个体个性结构的研究，他提出了个性结构中的"主动性"个性，但这种提法并没有真正引起学术界的关注。Bateman和Crant（1993）在主动性个性理论的基础上，完成了主动性人格（proactive personality）的概念塑造。他们的研究结果显示，主动性人格在行为过程中识别出局域，然后提前采取行动。这种人格和大五人格（big-five）存在一定的关联性，这种关联性存在于尽责性、外向性等方面。不过 Major（2000）等学者提出，这种人格在工作时能够为行为人提供助力，这是大五人格无法拥有的功能。当然，仅从人格特质来界定个体的主动行为仍然存在一些问题，Bateman 和 Crant（1993）也认为对主动行为的探索尚需结合情景及心理因素进行分析。

（2）行为模式观点

Frese 等（1993）提出个人主动性（personal initiative）并对其概念进行论述，将其作为行为和行为方式的集合体，其具体指的是个体在自我意识的驱动下，做出了超出工作要求的工作行为。大五人格认为判断个体是否具备个人主动性，要观察其是否局域自我驱动力，其行为是否能够发生在要求发布之前，以及他们的行为是否具备持续性。Parker 和 Collins（2010）在行为变革性及其相关理论的基础上，将主动行为分成三种类型：第一类是能够改变个体以便提升其与组织的适配度的，具体包括反馈寻求、反馈观察、职业生涯主动性等；第二类行为是调整组织战略使其能够更加适应外部环境，具体包括问题推销意愿、战略扫描等；第三类是主动优化完善组织内部环境，具体包括掌控、个体创新和预防措施等。

（3）绩效特征观点

Griffin 和 Parker（2007）的工作角色绩效模型是在 Borman 和 Motowidlo（1993）的理论基础上搭建起来的，该模型是由熟练性行为（proficiency）、适应性行为（adaptivity）、主动性行为（proactivity）等维度指标组成的。熟练性行为是个体在完成工作任务中体现出的有序性，比如在规定时间内完成工作；适应性行为指的是个体对工作环境及工作角色发生变化的适应程度，例如适应新的设备、工作流程等；而主动性行为是行为人出于个人意志对系统进行变革，例如主动对工作方法进行更新，并完成工作任务。Griffin 等（2007）虽然也认为主动行为应具备自发性、变革性，但他们更强调主动行为的情景特征，也就是说主动性行为是在高度不确定性情景下，个体自发对工作角色的超越。

（4）行为过程观点

Grant 和 Ashford（2008）的研究结果显示，想要区分行为主动性不能将工作角色作为分辨的依据,他们认为这一问题的关键点是"事前实施"(acting in advance),即未来导向,在该理论中主动行为的目的必须是为了对个体和环境进行改造,以便其能够符合行为人的预期,整个过程可以分为预期、计划、实施影响三个环节。外部不能观察到个体的所有主动性动,行为前的计划制定和事前预期都是外界无法观察到的主动性行为。单纯将行为模式、绩效特征作为分辨主动性行为的依据,没有考虑其动态特征的存在。Bindl 和 Parker(2009)受到自我调节理论的影响,确定主动行为具备导向性,包含目标设定及目标达成两个阶段。主动行为由目标设定、计划制定、行为实施及结果反馈四个不同的环节组成。其中,目标设定包含目标设想和计划制定两个阶段,是个体在感知外界环境的基础上自发设定变革性目标及行动策略;目标达成包括行为实施和结果反馈两个阶段,行为实施是个体追求主动性目标的外显行为,结果反馈是个体对主动行为实施过程进行评价和判断进而对后续行为产生影响。

从以上主动行为概念的发展脉络来看,主动行为自提出以来经历了从静态人格特质到动态行为过程的发展脉络(如表 2-1 所示),主动行为的概念轮廓已日益清晰。整合以上观点,本书认为,过程论能够较为全面地体现主动行为的特征,并将主动行为定义为组织情景中个体为达成自我设定的变革性目标(改变外界环境/改变自身)而努力改变或控制自己的认知、情绪及行为的过程。

表2-1 主动行为概念发展脉络

研究观点	概念名称	定义	作者
人格特质	主动性人格	个体采取主动行为影响周围环境的一种稳定的倾向	Bateman 和 Crant(1993)
行为模式	个人主动性	个体超出工作本身的规定的一种积极和自我驱动的工作方式	Frese 等(1997)
	主动行为	带有变革性的预期行为集合。包括主动工作行为、主动战略行为及主动生涯行为	Parker 和 Collins(2010)

续表

研究观点	概念名称	定义	作者
绩效特征	主动尽责	公民绩效的一种,有益于完成工作或任务的行为,包括付出额外努力、行使主动性以及自我发展活动	Borman等(1993)
	主动性绩效	不确定工作情景下个体自发地对工作系统或工作角色的改变或超越	Griffin等(2007)
行为过程	主动性行为	个体实施的对自身或环境产生影响的预期行为过程,这个过程包含预期、计划、实施影响三个阶段	Grant和Ashford(2008)
	主动行为	是一个包括设定主动性目标与努力达成主动性目标的目标导向过程	Bindl和Parker(2010)

2.2.3 主动行为概念辨析

为了让主动行为的内容得到进一步的明确,需要将其与同类概念进行比对和深入分析,具体信息如表2-2所示。

表2-2 主动行为概念辨析

	相同点	不同点
主动行为与组织公民行为	①均属于个体自发行为 ②两者内容上具有交叉性,均包含自愿组织公民行为	①主动行为无角色内外之分,而组织公民行为是角色外行为 ②主动行为更强调行为前瞻性和变革性,组织公民行为强调岗位描述以外的行为
主动行为与自愿工作行为	①都属于个体自发行为 ②两者内容上具有交叉性,均包含角色外行为中的建言行为、个体自主性等行为	① 主动行为无角色内外之分,自愿工作行为是角色外行为 ② 主动行为具有利他性及变革性;而自愿工作行为包括潜在危害性行为,例如反生产行为、越轨行为等
主动行为与角色外行为	①均属于个体自发行为 ②两者内容上具有交叉性,均包含建言行为个体自主性等行为	① 主动行为无角色内外之分,角色内也可以体现工作的主动性,例如工作程序改善行为

2.2.4 主动行为的测量

由于目前研究界对主动行为的概念和内涵界定尚不够统一，因此对主动行为的测量结果差异较大，很多研究的对象局限于特定的主动行为，例如将主动创新、问题预防、主动职业生涯管理等列为具体研究对象，对其主动性进行测量，以下是使用频率较高的测量方式。

第一种是主动性人格测量量表。主动性人格量表（Proactive Personality Scale）是 Bateman 和 Crant（1993）创造出的单维量表，其内部有 17 个项目。Cronbach's α 值（以下简称 α 值）的区间范围是 0.87～0.89，使用 7 点李克特式评分。在实际使用过程中，还出现过该量表的简略版，10 项目版本和 6 项目版本是当下使用范围相对较广的。主动性人格的相关理论并没有演化为一个单独的体系，它是一种行为倾向，同时具备稳定性的特质。因此部分研究者会通过主动性人格量表来测量主动行为。

第二种是情景访谈测量。为了克服自我报告式测量中的社会称许性问题，Frese 等（2001）采用情景访谈的方法测量个体主动性。测量主要针对克服障碍和率先行动两个维度，在测量过程中，访谈者需要设置四个虚拟场景问题，在被访谈者对这些问题做出回答之后，访谈者需要提升提问难度，告知被访谈者其之前提出的方法无效，通过重复这一程序完成四道障碍的设置。访谈采用 5 点李克特式评分（1 代表没有克服障碍，5 代表克服了 4 个障碍），访谈者需要根据被访谈者的表现，通过 5 点李克特式反向记分法（1 代表积极的，5 代表消极的）对其进行评价。克服障碍的评价者 α 值分别为 0.78，0.82，0.80 和 0.81，克服障碍和行动领先的跨情景内部相关系数平均为 0.52。

第三种是工作角色绩效测量。该量表的创造者是 Griffin 等（2007），其主要解决的是行为的角色绩效特征问题。量表通过个体层面、团队层面和组织层面三个维度对行为人的主动性进行测量，单个侧面有 3 个题项，共 9 个题项。"在工作中使用新方法"是该量表在测试个人主动性时的经典题目。该量表的 α 值在 0.84～0.92 之间；"给出提升团队效率的方法"是团队维度经常出现的题目，其 α 值数在 0.82～0.92 之间；"给出提升组织绩效的方案"是组织层面的经典题目，α值在 0.74~0.91 之间。测量采用 5 点李克特式评分，被试者评价出过去一个月里出现主动行为的频率（1 代表从来没有，5 代表很多）。

第四种是主动性目标调节测量。Bindl 和 Parker（2012）认为，以往主动行为的测量虽然会出现社会称许问题，但由于主动行为包含着不可观测的部分，所以有时采取自陈式的测量方式也是必要的，由此他们编制了能够根据目标调整其内容的测量方法基。首先，将主动行为进行拆分，构建目标设想、计划制定、行为实施及结果反馈四个测量维度。针对能够被察觉到的行为，他们的实验维度选取了 Griffin 等编制的工作角色绩效量表中的个人层面主动性的 3 个题项进行测量，α 值为 0.89。其次，对于不可观测到的部分：测量目标预想维度包含 3 个题项，典型题项如"想方设法去节省成本提高效率"，分量表的 α 值为 0.86；测量计划制定维度需要通过三道题获得判断所需的数据，例如"从多种角度思考变革的结果"，其 α 值为 0.88；结果反馈维度的数据也通过同样的方式获取，典型题项如"从他人那里获取主动行为的效果反馈"，分量表的 α 值为 0.91。从以上的测量方式来看，Griffin 等的工作角色绩效测量聚焦于主动行为在不同维度的表现；Bateman 和 Crant 制作的量表针对的是主动行为；Frese 等的情景访谈主要针对的是受访者的个人信息；Bindl 和 Parker 的主动性目标调节测量关注的是行为的整个过程。

2.2.5　主动行为产生机理

1. 自我决定视角

自我决定理论是 Deci 和 Ryan（1987）提出的关于行为的动机理论，它关注的焦点是人类的行为在多大程度上是自愿的，其决定完全出于其个人意志。从行动特征的角度看，Parker 和 Bindl（2010）认为，判断行为是否具备主动性，依据就是其是否具备自发性，且行为决定是否完全出自自己的意愿。首先，根据自我决定理论，自主性动机支持个体出于意愿和自由选择并实施行为。Parker 和 Bindl 认为，自主性动机为个体实施主动行为提供了行动的理由。当然，自主性动机在自主程度方面较为个性化，该项指标和其对主动行为的预测力之间正向相关，例如源于兴趣、爱好等内在动机的主动性是最高的。但在现实工作情景中，完全出于兴趣或爱好等内在动机的主动行为并不常见。对此，自我决定理论阐述了自主性动机的内涵，即对外部目标的认可和接纳。弹性角色定位（flexible role orientation）及建设性变革责任感感知（felt responsibility for constructive change）等行为都具有调节性的特质，能够对主动行为产生正面助力（Parker et al., 2006），职业呼唤能够推动工作重塑的进展（Wrzesniewski et al., 1997）。其次，自我决定理论中还包含了关于动机内化的内容，自主需要、胜任需要、关系需要是人类处于外界环境时会出现的心理需求，需求的满足有利于动机内化。当环境满足自我决定的条件时，个体对此是有主观感受的，在这种情况下其内部动机会推动他参加活动。比如具备工作自主性的员工会主动提升其个人职业素养，并对自身的主观能动性进行进一步的强化。如果领导在工作过程中主要主张变革，那么他可以通过提升组织承诺和自我效能感的方式，让其团队成员将更多的精力投入工作过程中。主动行为本身就是动机内化的一个阶段，使其与自我效能感产生联系是重要且必要的。单纯依靠个体无法承担相关的责任，其主动行为也会受限。研究结果显示，主动行为会受到自主性动机和认知驱动的影响（Fuller et al., 2012）。近段时间，关系需求满足以及其对主动行为的作用成了学术界的热门话题，Deci 和 Ryan 认为，个体的安全感和归属感就来源于其获得的各种支持，当这些需求得到满足时其内在动机将会涌现出来。主动行为本身就具有风险，其结果也是不确定的，所以行为人的心理安全感越强，就越有可能在相关领域进行持续性的工作。Gong 等（2012）认为，良好的同事关系对于创新发展是非常有利的。Wu 和 Parker（2012）将个体依恋风格对主动行为的影响作为其研究课题。个体的自主性动机将会在上级管理人员向其提供安全基地的时候得到快速的提升，同时其焦虑型依恋和回避型依恋会导致其主动性进一步增强。归属感也可以帮助其接受他人信念或价值而实现动机内化。Zhou 和 George（2007）发现，同事提供的建设性反馈及团队成员的帮助可以让组织承诺度较高的员工的建议得到接纳和落实，再赋予工作足够的创造性。当行为人实施主动行为的时候，自我决定理论能够为其提供理论层面的支撑，阐释了环境因素对个体主动行为实施的重要作用，特别是自主支持组织情景（工作自主性、变革型领导、人际支持及支持性组织氛围等）与基本心理需要相统一进而将外部目标整合为内部调节的过程。

2. 自我同一视角

Erikson 的自我同一性理论是能够揭示主动行为产生的又一重要理论依据。自我同一性和自我认同（self-identity）在概念上并无差异，它指的是"我是谁"及"我将会怎样"这两个问题的具体答案。这种答案具有极强的主观性，同时其时间跨越度也相对较大。自我认同本质上就是自我信念的结合体。Marcia（1993）则认为自我同一性表现为探索和承诺两个阶段，探索是个体收集和验证关于自己、自己的角色的信息以找到与自身状况相契合的理想价值观和奋斗目标，并以此为基础积极地进行投入以达成个体所许下的承诺。自我同一性需要在行为人主动的情况下才能够逐步形成，这种情况的出现说明连续感以及一致感等都是人类客观存在的精神需求。组织中的主动社会化行为可以通过同一性理论进行解释，这一理论同样适用于主动匹配行为以及主动职业生涯等行为。首先，站在自我同一性理论的角度，当环境处于极不稳定状态时，同一性也会遭受一定的负面影响。但是一旦情况有所缓和，行为人的危机感和心理冲突就会有效地下降甚至消失。想要解决问题需要主动积极地去获取各类知识，然后以此为基础构建出一个相对稳定的自我。Grant 和 Rothbard（2013）也认为职业变化、组织变革、角色模糊以及环境的变化都属于不确定因素，这些情景很容易让行为人实施主动行为以便掌控其所处的环境。比如新职员入职后遭遇到同一性危机时，新员工会通过主动社会化行为中的信息搜寻、构建社会网络以及通过协商、调岗等较为主动的方式将危机扼杀在摇篮状态。此外，做评价的目的可能会存在一定的冲突，因为个体在获取信息之后可能是为了追求积极的自我评价，而不是为了寻找真实的自我评价。分析寻求行为背后的复杂性以及其冲突的多样性等，一直没有得到有效的解决，研究者多数情况下会将自我保护机制和印象管理动机作为引发问题的原因。但是在这种情况下，行为动机就会变得更加扑朔迷离。显然，当场景处于不确定的状态下,个体的主动行为多数都是为了完成对内在自我同一性的追求,让个体对于未来的职业发展状况进行深入的思考。Luyckx等(2006)认为,职业探索和职业承诺行为是有利于个体对自我同一性的追求的。如果个体对职业生涯以及其最终目标有清晰的规划,愿意为此付出努力主动提升职业技能,那么其就非常可能实现自我同一性。如果个体对自己的职业缺乏足够的认知,那么他将很难确定正确且适合自己的职业角色。Strauss等(2012)的研究结果表明,未来工作中的自我概念将显著影响个体的职业生涯主动行为,未来工作自我凸显和未来工作自我细化,分别代表着自我概念被激活的可能性以及清晰度。它们都能够对个体的职业生涯产生一定影响,这种影响是交互存在的。个体对未来职业的同一性持高度的认同,那么他的主观能动性将会在工作过程中得到充分的发挥,这一理念与自我决定论的解释并不矛盾。自我同一性理论诠释了个体寻求内在一致性和连续性动机对主动行为起到一定的推动作用,对在动荡环境中如何将追求自我作为目标的行为起到了较好的解释效果。

3. 情绪激活视角

情绪也具有产生动机的作用,情绪的享乐色彩将引起个体特定行为,例如兴趣、快乐等可以内在地驱动人们做出某种行为。作为情绪维度理论的提出者,Russell(2003)认为情绪能够对主动行为产生极大的影响,这种影响主要存在于唤醒和效价两个维度上。早期该领域的研究主要集中在情绪效价维度和主动行为之间的关系上,前者确实能够推动后者持续发展。这类研究通常是在Fredrickson等(2001)的情绪扩展—塑造理论的基础上发展而来的。该理论认为积极的情绪能够让人类的思维得到进一步的拓宽,能为实现极具挑战性目标的人提供一定的帮助。以下是该领域比较具有代表性的理论研究成果。Isen(2001)通过研究发现积极情绪和个体的独创性之间存在正向相关的关系。Fritz和Sonnentag(2009)的研究发现积极情绪还可以引发后续数天的主动行为。消极情绪不但会阻碍个体主动行为的实施,还有可能降低个体的资源储备,因为这部分资源将会被用来抵御焦虑、悲伤、恐惧等情绪,给个人身体和心理层面所造成的伤害。这种情况如下,个体实施的主动行为将无法达成预期目标。情绪对主动行为的作用很难通过情绪的下降维度得到准确的信息，因为在这一框架下很多现象是矛盾的。焦虑、愤怒等情绪同样能够对个体的主观行为产生推动作用。事实上，积极的情绪反而不利于工作发挥。很多积极情绪并不能起到这些作用。Bindl 等（2012）的研究结果显示，部分个体的主动行为会受到来自情绪的积极影响，但是这些情绪必须是已被激活的。Porath 等（2012）的研究显示，带着高昂的情绪进行工作，有助于旺盛感的产生，从而使行为人有更加充沛的精力和意愿去提升自己的个人素养。激活消极情绪的主要目的是提高行为人对外界的敏锐度和防备心，这也可能会成为其实施主动行为的契机。例如个体可能会因为对某一组织的心中不满而实施主动谏言（傅强、段锦云、田晓明，2012）。Ohly 等（2006）的研究结果显示，时间和情景压力的存在，有利于催生工作中的主动行为。Ohly 等（2006）认为，虽然压力是负性的工作特征，但适当的压力能够将焦虑等负面情绪进行激活，预设的时间越短情况越危急，员工心里也就会越紧张，这种压力很可能会成为其创新的契机。Lebel（2015）通过构建模型指出，气愤、恐惧两种情绪能够在一定程度上激发个体的主动性。情绪对主动行为的影响已经引起了研究者的注意，情绪对个体自我主义行为的影响必然是存在的，但相关领域并没有就此问题达成一致，这是一个非常具有理论价值的研究课题。

2.2.6 主动行为的前因和结果

Bindl 和 Parker（2010）整合了现有关于主动行为的研究，提出了主动行为的整合模型，系统地阐释了主动行为前因变量、中介机制、结果变量与情景因素（如图2-2所示），主动行为前因变量由个体因素和情景因素共同构成。前者指的是人口统计特征、人格特征、知识和能力；而后者则包括工作特征、领导风格及组织氛围。主动行为结果变量可以分为三个层次，即个体层次结果变量、团体层次结果变量和组织层次结果变量。

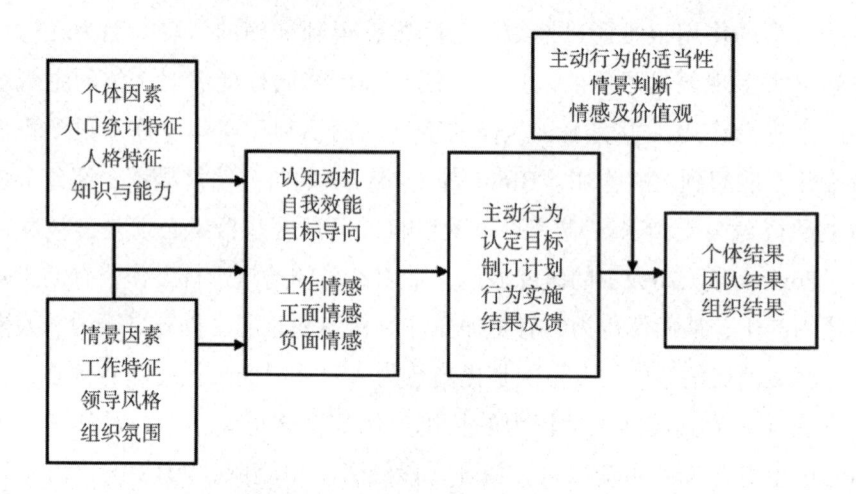

图 2-2 主动行为整合模型（Parkerde et al., 2010）

1. 主动行为的前因

（1）个体因素

①人口统计特征

个体的人口统计特征与主动行为存在一定的关系。首先，年龄相对较小的个体，在职业领域还有很大的发展空间，所以当其没有职业理想之后，他会将更多的精力投入到工作上。Kanfer 等（2001）研究发现年龄与主动工作寻找行为呈负相关；Warr 和 Fay（2001）通过纵向访谈法方式得出以下研究结论，即年龄和个体-环境匹配行为负相关。未来将进一步探讨工作年限与主动行为之间的关系。其次，关于性别与主动行为之间的关系的研究存在着不同的结果。例如：在工作搜寻中，男性比女性体现出更多的主动性；同时，男性也比女性表现出更多的进谏行为，但结果显示性别对主动行为的影响并不显著。

②人格特征

人格特征是预测主动行为的重要前因变量。首先，主动型人格对主动行为有显著影响。Crant（2000）认为，主动性人格会对个体自主行为的稳定性产生一定程度的影响，同时这一要素在不同人群之间呈现出完全不同的状态。主动型人格的个体对于其职业生涯有较为清晰的规划，会通过网络接收或发送信息，会主动承担责任，并向相关研究所和管理人员提出建议。

其次，Wanberg（2000）的研究结果显示，如果个体具备大五人格特质中的外向性和开放性的特质，那么其对主动的反馈以及关系建立的需求会更高，二者之间存在正向相关的关系。在个体对于组织和个人都具有极高的责任感的情况下，其在进入陌生环境之后会主动调整自身的状态，为适应环境而主动搜寻信息和制订职业计划。Cullen-Lester 等（2016）在针对比利时 27 个团队成员的研究中发现，外向型的个体能更有效地与团队成员建立富有能量的关系进而促进其主动行为。Wang 和 Li（2015）在针对 380 名中国员工的实证研究中发现，个体的好奇心可以直接促进个体主动性。Wu 等（2013）通过对 61 个样本的实验研究发现，相互依存建构的自我对个体实施工作导向的主动行为有显著积极影响。

③知识与能力

个体实施的主动行为，往往会与其知识储备存在极强的关联性。个体对某个领域了解得越多，就会越倾向于在这一领域实施主动行为。如果他对某一个领域的了解非常有限，那么他在该领域的创新以及其对该领域的反馈也会极为有限。Frese（1996）的研究表明，能否获取任职资格主要取决于个体的知识技能以及能力水平，同时个人的态度积极与否也会影响到最终的结果。Hunter 和 Schmidt（1996）经过研究之后得出以下结论，情绪智能高的个体往往有更高的绩效，而这种绩效的发挥要归功于个体工作场所中的主动行为的发挥。

（2）情景因素

①工作特征

工作特征是影响主动行为的重要组织因素。员工工作的理由、状态以及行为在一定程度上都取决于企业的结构是否合理。比如 Griffin 等（2007）通过研究之后得出以下结论，如果员工工作的环境存在权责不清晰等情况，他们会试图将自己的意见反馈给相关部门，或者开始社会网络的搭建以便在陌生环境中掌握足够的主动权。而在拥有高度工作自主化的情况下，个体会自由决定行动内容、时间以及方式，消除不确定性，引发后续主动行为。Frese 等（2007）认为，主动行为会影响到工作的自主性、复杂性和控制状态，其影响是积极的。Parker 等（2010）认为，自我效能感和弹性角色定位已经处于可以预测的范畴，这种行为会导致个体的主动行为发生变化。工作设计的类型差异会体现在其对主动性为的影响上，柔性管理、工作丰富化与充分授权将有利于个体主动行为的发挥。Solberg 和 Wong（2016）曾经将 47 名企业管理者和 143 名员工作为研究对象进行深入的解析，这些研究对象均来自挪威，研究结论显示员工的工作重塑行为和角色超载状况之间呈现出反向相关的关系。

②领导风格

领导行为方式与风格会影响到下属的主动行为。首先，在领导风格类型中，变革型领导可以通过提升下属的组织承诺、扩展角色及提升下属的自我效能感而显著影响下属的主动性。例如，Rank 等（2007）认为，勇于对现状进行革新的领导，会为下属指导出具体的工作使其工作成绩得到跨越式的提升，同时对个体创新状况做出预判。Burris 等（2008）认为，想要拥有开放的工作环境和具有变革意愿的领导，能够让员工的建议行为变得更加正当，但是前提是人格、工作特征和满意度等变量处于稳定状态；薛宪方（2011）研究发现，对个人主动性的预测中，变革型领导和交易型领导的区别在于前者提升了企业收益；自我效能感能够让领导风格和个人主动性之间产生作用的媒介。其次，领导和成员之间的关系交换，必然会导致个体主动行为发生变化。假使二者之间存在信任关系，下属会更倾向于实施主动行为。同时，领导-成员关系和个体创新和谏言行为之间存在正向相关的关系。领导针对下属实施的主动行为的影响将成为研究界进一步研究的重点。Ouyang 等（2015）在针对 350 个样本的研究中发现虐辱型领导将会抑制下属的主动行为。Wu 和 Parker（2017）基于依恋理论的实证研究证实源自领导的安全基地支持（secure-base support）行为能够有效预测下属的主动工作行为。李锐和田晓明（2014）通过 214 份主管-下属配对调查数据证实了威权领导与下属的主动行为呈显著负相关。

③组织氛围

组织成员对其工作环境的观感就是组织氛围，该要素能够使员工的行为发生变化（Ceampbell，1970）。首先，它将影响个体对组织的认同，而个体对团队或组织的认同感越高，则越可能具有较高的心理所有权而主动设置工作目标（LePine and Van Dyne，1998）。其次，当个体所处的团体气氛相对和谐，那其实施主动行为的概率将会提升。Parker 等（2010）认为，员工之间的信任度和个体主动行为之间是正向相关的。Griffin 等（2007）认为，组织的信任越高，个体的创新就会越踊跃。所以应该营造出适合创新的组织氛围，让员工对此事抱以积极的看法。Grant 和 Ashford（2008）也提出，工作情境和个体气质的特定结合可能引发不同的主动性行为。

2. 主动行为的结果

（1）个体层面结果

主动行为个体层面的结果主要体现在个体的绩效、职业发展工作满意度等方面。首先，高主动性的个体具有长期导向，会对工作未来的挑战和要求主动进行预测，而且会主动地去学习和克服障碍，高主动性个体将有更高的工作绩效。例如，Morrison（1993）认为，个体绩效会受到两项因素的影响，一是信息搜索行为，二是寻求反馈行为，它们之间是正向相关的关系。其次，主动行为对个体的职业发展也会产生积极的影响，高主动性的个体往往具有职业生涯的主动性。例如，Frese（1996）的研究发现，主观能动性较强的个体会主动进行职业规划，并积极地贯彻实施；Kim（2008）的研究表明，主动行为能够让员工和组织更加契合，在提升前者适应力的同时，还能够帮助其靠近职业目标。最后，实施主动行为的个体拥有较高的工作满意度。例如，Seibert 等（2001）的研究显示，具备职业生涯主动性的个体具有较高的职业满意度。当然主动行为对个体的健康及幸福水平也存在一定的消极影响，Fay 和 Hüttges（2016）通过日志研究法（daily diary study）对 72 个样本的实证研究发现，个体每日的主动行为对每日的皮质醇有显著的积极影响，而皮质醇的增高将对个体的健康有一定的消极影响。

（2）团队与组织层面结果

主动行为的结果也体现在团队与组织层面。首先在团队层面，Kirkman 和 Rosen（1999）认为，上级评定团队的主动行为和团队生产率之间正向相关，同团体顾客服务水平之间也存在同样的关系。该因素还会对总体工作满意感、总体组织承诺、团队承诺等方面施加同样的影响。它能够对团队绩效、财务绩效以及组织敬业度做出预测。其次，站在组织的角度，Frese 和 Fay（2001）认为，个体主动性的影响不只局限在行为人和组织内部，它能够执行应用计划并为行为人和组织的问题提供解决方案。Thompson（2005）的研究结果表明，员工行为的主动性越强，顾客对其服务就越满意，组织绩效也会因此有所提升。

3. 主动行为的情景因素

主动行为虽然可以给个体和组织带来积极的结果，但主动行为也具有风险性。主动行为有时得不到主管及组织认可，主动的个体通常会脱离已经固化的环境，他的离开会导致其原本所属的环境出现新的变化，这就提升了失误出现的概率，提高了行为人出现问题的可能性，使得主动行为适得其反，因此主动行为存在着情景适当性。Seibert 等（2001）研究发现，工作中经常谏言的员工由于得不到上司的认可而致其职位与薪酬难以改善。由此，Chan（2006）研究指出，只有将情景判断结合的主动性个体才能取得更高的绩效和工作满意度。Grant 等（2008）研究发现，领导对下属的主动行为的会进行不同的归因，领导往往对具有自利动机（为了晋升、奖励及讨好上司）的主动行为比较排斥，而对于那些具有亲社会价值倾向的主动行为的个体给予较高的绩效评价。因此，个体在实施主动行为时的情景判断、亲社会价值观及情感都会影响主动行为的效果。

主动行为的界定自提出以来经历了人格特质到行为过程的发展历程，Bindl 和 Parker（2011）的行为过程观点较好地体现了主动行为的动态性，在一定程度上起到整合的效果。但由于概念刚刚提出，并未有学者对主动行为的自我调节过程中体现的主动性进行深入分析。未来的研究应该重视以下内容。一是要对主动行为的含义进行进一步的拓展，主动行为属于个体自我调节的一种形式，但是这一观点需要切实证据的支持。主动行为的内隐特征需要进一步的研究，以便确保对主动行为动态过程的理解是完整的，将不同行为的主动性也纳入研究的范畴之内。二是开阔研究视角，从资源角度入手对其内在机理进行研究。Baumeister 等（2000）认为，出于个人意志实施或者禁止某种行为都是在消耗能量，自我调节是否起到作用取决于资源是否充足。Hobfoll（2011）的资源保存理论进一步论证了资源在个体自我调节过程中的重要性。Sonnentag（2003）的研究结果显示，个体在非工作日积攒的能量，对主动行为的影响是正面的。Bolino等（2010）的观点与上述观点较为类似，他认为主动行为可能会过度消耗资源，导致行为人所处的集体环境恶化，工作压力增强。未来可以深入探究心理资源对主动行为的影响，例如心理资本对主动行为实施的促进作用。三是将跨文化作为切入点对主动行为进行深层次剖析，在中国的文化体系中热衷于表现的员工可能会引起管理者的反感，这类行为带有冒险性和不确定性的特质。因此，有必要对其进行跨文化研究。

2.3　工作旺盛感研究综述

积极组织行为学是由 Luthans 提出并创建的（Luthans，2002；Luthans and Youssef，2007），已经有很多学者开始投入该领域的研究工作中。拥有积极状态的员工会对组织产生怎样的影响是他们研究的主要课题。《哈佛商业评论》曾经刊载过一篇题目为《建立可持续绩效模式》的文章，作者认为具有工作旺盛感的员工，其工作绩效要高于平均数值 16% 左右，其对组织的忠诚度和工作满意度都在数据上分别超出了平均数值的 32% 和 46%。与他们一同工作的员工，其倦怠感要比这部分员工高出 125 个百分点。另外，这部分员工很少缺勤或者请病假，为企业节省了用人成本（Spreitzer 和 Porath，2012）。

2.3.1　旺盛感的内涵

有关于旺盛感（thriving）的研究在20世纪中期就已经开始了，Maslow（1943），Rodgers（1961）和 Alderfer（1972）等人都曾经对该领域进行研究。从医学角度看，当个体的健康状态相对较差的时候，不能用"无法旺盛"一词进行形容（如 Bakwin，1949；Bergland and Kirkevold，2001；Verdery，1995）。在心理学层面，旺盛用来形容一种较为积极的心理成长状态（如Calhoun and Tedeschi，1998；Joseph and Linley，2008）。怎样才能对个人心理成长问题做出正确的评估，是一个亟需解决的问题。Spreitzer等（2005）通过对不同领域的理论进行分析之后，构建出了能够评估工作旺盛感的社会嵌入理论模型，为后续的研究工作提供了基础性的工具。Spreitzer等（2005）认为，工作旺盛感（thriving at work）指的是一种心理状态，拥有这种状态的个体能够同时具备学习和活力两种不同的元素，他们能够在工作中感受到行动力的来源，以及对自己的成长估计，他们会以积极的态度去面对一切，不断对自己进行优化和完善。Carmeli和Spreitzer（2009）强调，"当个体体验旺盛时，他们感受到在工作中的进步和动力"。Niessen（2012）认为，在固定的时间区间内，工作旺盛感也会因为情景变化而产生波动，这种波动是连续性的。旺盛感在Spreitzer等（2005）的研究中被描述为一种状态，并非个体所独有。Porath等（2011）在学习EMBA课程的过程中，曾经通过调查的方法对旺盛感进行过研究，其研究结论显示，旺盛感会因为时间和情况的变化而变化。特质型差异和状态型差异的差别在于二者分别是远距和近距的（Chen et al.，2000），前者的稳定性相对较强（Ackerman and Humphreys，1990），后者的优势在于其可塑性。环境和情景的变化都能够引发工作旺盛感的变化。个体旺盛感和环境、情景存在极大的关联性，如果不对时间加以限制，那么个体旺盛感的变化将兼具连续性和统一性（Spreitzer and Porath，2013）。Spreitzer和Porath曾经对工作旺盛感进行过深入研究，研究结果显示，个人的工作旺盛感是会在环境和情景的影响下发生很大变化的。换言之，这种状态具有支持性的特征，在一段连贯且较短的时间范围内，工作旺盛感可以视为一个相对稳定的可测量的状态。旺盛感由活力（vitality）和学习（learning）共同组成，活力指的是较强的能量感（Nix et al.，1999），能够以积极的心态投入工作（Miller and Stiver，1997）；学习指的是通过获取知识的过程，让自身的能力和信心都得到一定程度的增强（Carver，1998；Elliott and Dweck，1988）。个体想要具备工作旺盛感，就需要同时兼具学习和活力，两个要素缺一不可，因为上述维度涵盖了个体成长过程中的两个重要部分，即情感体验和认知体验。其次，快乐论和完善论是工作旺盛感的理论基础，只要学习缺乏活力，旺盛感必然会受到一定的负面影响。例如护士在掌握新技术之后一直忙于工作，最终导致其职场坎坷。如果学习不足，即便精力充沛也同样无法获得优秀的工作成绩。例如担任呼叫中心的工作人员一职需要精力充沛，以便确保其与顾客沟通的状态良好，但是这种工作内容无法提升其个人能力，学习机会也相对有限，对于其个人发展是较为不利的（Porath et al.，2011）。

2.3.2 旺盛感与相关概念辨析

1. 工作旺盛感与心流（flow）

心流指的是个体沉浸在某一行为中的状态，处于这种状态下的个体会有一种脱离禁锢的愉悦感。多数情况下，对积极能量比较敏感的人会经常性地处于这种状态，学习体验和心流状态的关联并非一定存在的，而旺盛感和学习之间存在非常紧密的关联性，这也是二者的差异所在。

2. 旺盛感与自我实现（self-actualization）

这两种概念均与个体潜能有关，二者的差异在于其与个体需求的关系，旺盛感并不需要满足个体需求，所以很多个体在工作过程中都能体会到，但是自我实现属于层次较高的个人需求，个体只有在基本需求得到满足的情况下，才会去追寻更高的需求，所以自我实现本身并不具备普遍性。

3. 工作旺盛感与工作投入（work engagement）

工作投入和工作旺盛感的差异在于前者不需要学习，只需要将注意力全部灌注到工作中，充分激发员工的主观能动性，但是后者需要个体通过学习来完善优化自身。

4. 工作旺盛感与心理韧性（resilience）

心理韧性与旺盛感从概念层面上看，都代表了个体针对其所处的外部情况对自身进行调整。不过，心理韧性主要是在负面环境下，能够促使人找到反击办法的心态。工作旺盛感让个体可以无差别地适应各种环境，使自身保持相对良好的状态。

5. 旺盛感与殷盛感

Keyes 和 Haidt（2002）对旺盛感的概念进行了论述，他们认为，旺盛感指的是个体的社会技能和心理状态均处于相对较好的状态。虽然它也拥有积极状态的含义，但是其代表的范围比旺盛感更大。旺盛感的量表需要对 6 项心理机能指标和 5 项社会机能指标进行检测，被测试人至少要有 6 项指标达到较高的标准，否则其状态就不能被称为旺盛感（Keyes，2002）。这 11 项指标中包含了一项与学习有关的指标。换言之，学习指标的状况并不一定会对个体的旺盛感产生影响。另外，Porath，Gibson 和 Spreitzer（2008）在研究过程中应用实证方法，明确了旺盛感和旺盛感之间的界限。

6. 旺盛感与主观幸福

主观幸福感描述的是人们对其生活所做的积极评价的程度，个体对生活的满意程度就是其幸福程度，情感因素能够对其产生极大的影响，身体状态、家庭状态、工作状态和学习状态都能够导致其发生变化。主观幸福感和旺盛感虽然都能反映出人的积极状态，但是前者涉及的要素相对较多，且主要集中在心理层面。后者只与学习状态和活力状态存在一定的关联性，是快乐主义（hedonic）和完善论（eudaimonic）结合后的产物。

2.3.3 旺盛感的测量

1. Carmeli 和 Spreitzer（2009）的量表

该量表在对个体旺盛感进行测量的时候，会通过三个项目收集相关信息，例如"你在工作中是否有知识层面的收获"。Atwater 和 Carmeli（2009）在研究旺盛感的过程中，通过五个项目维度对个体的活力情况进行测评，"工作过程中是否感受到活力"就是一个较为典型的例子。项目反应形式评分使用的是 5 点李克特评分，1~5 代表一种状态从"没有"到"很严重"的五个阶段。经过因子分析发现两个一阶因子可以代表量表项目的本质。因子分析的结果表明，全部量表项目都可以用活力因子和学习因子两个一阶因子来解释。

2. Niessen，Sonnentag 和 Sach（2012）的量表

在包含能够检测旺盛感的活力维度子量表中（Shirom，2003），子量表对个体活力的测试分为 5 个项目。1 和 5 分别代表非常不同意和非常

同意。因为该量表中有测试员工周五下班的旺盛感，调查表的措辞和项目内容较以往有所改进，α系数为 0.94～0.97。如果被测试人在周五下班之后的状态还能继续学习，其活力量表和学习量表的 α 系数的值分别是 0.94～0.97 和 0.89～0.95。双因子假设对于验证性因子分析同样有效，且 α 系数为 0.85。

3. Porath，Spreitzer，Gibson 和 Garnett（2011）的量表

该量表相对较为正式，其包含项目编写、决定反应项目形式、预测试、修改项目、样本施测、项目评价以及样本交叉检验等项目，和多数量表的流程相同。该表中的 24 个项目只有一部分源自 Ryan 和 Frederick（1997）的主观活力量表，剩余项目内容均为研究者编写。评分制度仍然是 7 点李克特评分，1 和 7 分别代表非常不同意和非常同意，剩余选项按照不同程度排列。最终测试项目数量为 10，现存项目与主题关联性较强。活力项和学习项的数量均为 5，前者的内部相关系数为 0.40～0.77，后者的该项数据区间为 0.54～0.78。第一批检测样本来自 175 名青年人和 430 名跨领域年轻专业人士，第二批样本来自 276 名后勤员工样本和 335 名网上调查响应者。经过验证性因子分析（CFA）结果显示，青年人样本 $\Delta\chi^2(1)=67.66$，$p<0.01$、专业人士样本 $\Delta\chi^2(2)=241.69$，$p<0.01$，可以验证双因子模型在数据拟合度方面优于单因子模型，这种情况在第二批样本结果上也有所体现，后勤人员和网络人员的样本数据分别为 $\Delta\chi^2(1)=145.87$，$p<0.01$ 和 $\Delta\chi^2(2)=277.93$，$p<0.01$。所有数据指标均经过信度和效度检验，具备较好效度。

2.3.4 旺盛感的理论模型

1. 工作旺盛感的社会嵌入模型

工作旺盛感的社会嵌入模型（socially embedded model of thriving at work）是 Spreitzer 等（2005）创建的，自我决定理论（Deci and Ryan，2000）和自我适应理论（Tsui and Ashford，1994）是其诞生的基础。该模型之所以能够具备社会嵌入性，是因为它设置了一个先决条件，即旺盛感会受到诸多因素的影响，具体包括心理状态、行为、资源、情境等。

旺盛感必须具备的学习和活力都需要在社会系统的内部才能够存续（如Brown and Dutton，1995；Gherardi et al.，1998；Miller and Stiver，1997；Wenger，1998）。该模型设置的活跃的资源与相对稳定的环境，通过将具有目的性及积极性的主动行为设定为变量，找到激发旺盛感的具体方法，以达到让个体的身心皆处于健康状态的情境机制（situational mechanisms；Hedstrom and Swedberg，1998）。工作部门（unit）具备以下特征，具有良好的工作氛围，员工之间能够尊重、信任彼此，信息渠道通畅以及能够凭借自身意志做出决策。正向的情感反馈、积极意义、人际网络以及支持都是工作过程中产出的资源。密切的沟通、探索行为以及高专注度的工作行为都属于个体主动工作行为的范畴。学习和活力组成旺盛感，由旺盛感产生的个体结果包括发展和健康。首先，主动行为发生的诱因，能够进一步强化旺盛感的体验，其差别在于作用途径上。旺盛感体验的增强还能够提高主动行为的发生频率，并最终形成一种良性的闭环状态（Frederickson，2003）。其次，部门情境对主动行为的发生具有一定的促进作用，降低了后者发生的障碍，当员工所处的环境具有上述特征时，他们的决策力将会得到进一步的提升，这也会促使其做出主动行为。在对该环节进行剖析的过程中，必须要引入自我决定理论，该理论解释了能够进行自我决策的个体是如何以此为基础对自身进行强化的（Deci and Ryan，2000）。再次，工作中产生的所有资源都会成为主动行为的消耗品，主动行为和旺盛感之间也存在类似的关系，其属性是良性的。资源的产生和主动行为是相伴相生的，部分情境的相对稳定，但是资源的存续是有期限的，它的产生和消耗和主动行为同步（Spreitzer et al.，2005）。有充足的资源会使主动行为的发生频率有所提升，同时旺盛感的体验也得到了进一步的强化。最终，旺盛感会让个体的素质得到有效的提升，降低组织在医疗保健方面的支出，降低员工旷工的频率，提升自身人才储备。工作旺盛感模型存在的意义就是让个体知道旺盛感的存在，并且以此为依据判断自己的生活状态是否是正确的。可以将这些指标作为其是否采取行动激发或维持旺盛感的依据，这些行动能够更新部门资源和环境，进而实现自我适应的目标。工作旺盛感的社会嵌入模型如图2-3所示。

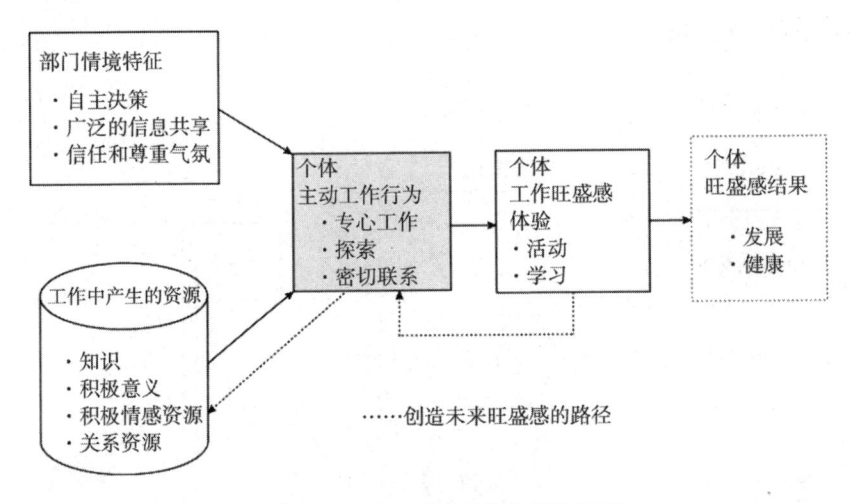

图 2-3　工作旺盛感的社会嵌入模型

2. 工作旺盛感自我决定模型

Spreitzer 和 Porath（2013）是工作中个人成长的整合模型的创造者，该模型源自自我决定理论。从图2-4的内容中可以看出该模型所展现的是自我决定的三个重要机制的作用过程，自我调节理论（self-regulation theories；如 Baumeister, Bratslavsky et al., 1998）和资源保存理论（conservation of resources theory；Hobfoll, 1989）更加聚焦于活力被消耗的过程。自我决定理论更加关注活力被创造出来的过程。若社会环境能够让个人的心理需求得到满足，那么其对个人的行为就能够起到一定的促进作用，使其更具活力并且愿意投入到学习中。环境波动、信任尊重的氛围、顺畅且覆盖面广的信息渠道以及自主决策的能力都属于情境因素，其中环境波动所产生的影响是较为负面的。对某件事情的胜任感、归属感以及自我控制力都属于个人心理需求的范畴，只有当情境满足了上述需求自我决定机制才能够得到有效的强化。通过学习和活力两种途径能够提高个体的旺盛感。这样做的最终目的是让个人的绩效和行为积极性得到有效的提升，使个体更能够适应其所处环境，并且保持一个健康的身体和心理状态。上述内容其实是对社会嵌入性模型的延展，个人发展主要通过适应力、积极性以及绩效三个方面体现出来。这一模型的核心是自我决定理论，它认为人的主动性极具价值，人们可以通过改善客观条件的方式帮助自身完成心理成长。

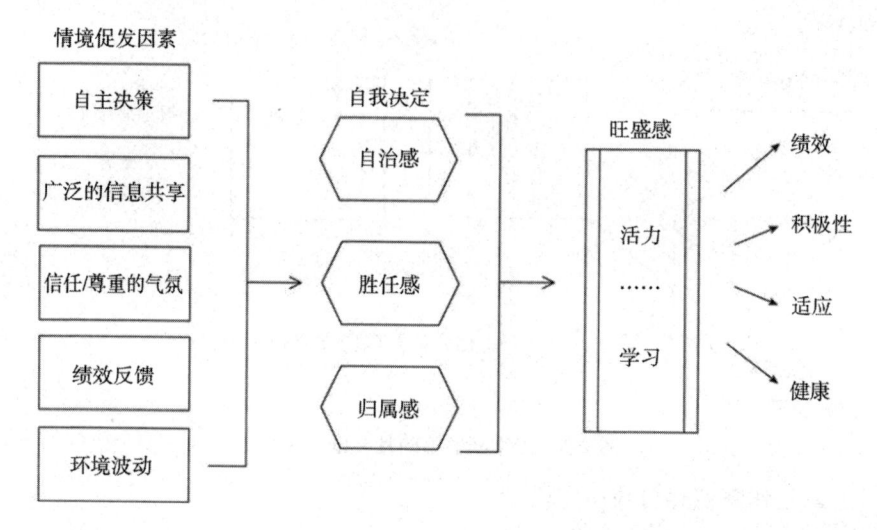

图2-4　旺盛感自我决定模型

2.3.5　旺盛感的前因和后果

1. 旺盛感的前因

（1）工作特征

Porath等（2008）对6名已经进入社会工作的个体经营行为人进行了深入的研究和分析，他们在企业中分别担任基层职员、经理和高级管理人员，上述模型的所有工作情境与旺盛感之间都存在一定的关联性。从具体事项入手，可以发现自主决策、信息共享、绩效反馈、信任尊重的氛围都属于前因变量，它们是导致42%的变异的主要原因，而自控感、胜任感和归属感则属于自我决定的范畴，它们诱发了54%的旺盛感变异。旺盛感受包含了两个维度，即学习和活力。上述提到的所有维度都能够对其进行预测。此外，Porath和Erez等（2007）认为，员工的互动方式是否礼貌，在一定程度上决定了员工的旺盛感。研究结果显示，个人主观上存在积极上进的心态，但是其最终状态还是会取决于其所处的环境。Niessen等（2012）曾经对主动行为和旺盛感之间的关系进行了深入的研究，在研究过程中，他们还将模型资源作为具体研究对象。通过五个工作日内每天三次与121名员工进行沟通，并通过日记法调查的方式收集资料，研究结果显示，如果这些员工在早晨的工作过程中获取到了足够的支持，或者找到了积极的意义，那么就意味着其获取的工作资源较为丰富。资源的增多会促使他们在中午工作的时候更加专注地去探索，到了晚上这批员工还会主动学习新的知识和技能。此次研究的研究方法和其他同类研究存在很大区别，主要目的是研究旺盛感在较短的时间区间内所产生的变化规律。最终的研究结果显示，旺盛感确实处于不断变化的状态，对于它与工作者资源之间是否存在相辅相成且彼此促进的关系，本次研究并没有给出明确答案。Cullen等（2015）在针对135名个体的实证研究中发现，交流中心性将增加个体的角色超载及角色模糊进而降低个体的工作旺盛感。

（2）工作-家庭界面

Carmeli和Russo（2015）基于Wayne等（2007）的"资源—积累—发展"模型及Spreitzer等（2005）的工作旺盛感社会嵌入模型提出了微观关系动机，例如感恩、同情及情绪表达能够帮助个体构建源自领导、同事及家庭的积极关系进而对个体的工作-家庭界面产生增益，最终促进个体的工作旺盛感。Carmeli和Russo虽然仅仅提出了理论框架，但证实了工作-家庭界面与工作旺盛感之间确实存在一定联系。Russo等（2015）在针对意大利的156个研究样本的多时点调查研究中证实了上司家庭支持行为能够增加下属的心理可用性，进而对其工作-家庭界面产生增益作用，最终提升其工作旺盛感。

（3）领导风格及组织氛围

支持性的领导及组织氛围均能激发个体的工作旺盛感。例如Zhai，Wang和Weadon（2017）在针对中国白领的研究样本中证实了领导支持及同事支持可以增强个体的工作旺盛感。Wallace等（2013）基于75个团队中的346名参与者的跨层次实证研究发现，员工包容氛围能够激发其工作旺盛感。Paterson，Luthans和Won（2014）在针对美国198一个领导-下属匹配样本的调查研究中发现支持性氛围可以通过提升下属的主动行为进而激发下属的心理旺盛感。Viona等（2016）在对360名护士的调查研究中发现，护士感知的诚信领导风格能够提升其工作旺盛感。Walumbwa等

（2017）以来自 94 个工作机构的 275 名员工作为研究对象，研究的时间段和层次具有多样化的特征，研究的目的就是确认服务型领导可以提升集体工作旺盛感，而个体层面的核心自我评价能够提升个体的工作旺盛感。Hildenbrand 等（2018）基于资源保存理论针对 148 名员工的配对调查数据发现，工作旺盛感能够成为变革型领导和产生倦怠感的下属之间的缓冲带。

2. 旺盛感的后果

（1）工作绩效

旺盛感能够提升员工的工作绩效，提升员工在工作过程中的创新欲望，有利于其身心健康。研究结果显示，旺盛感的强弱和个体的工作绩效之间存在正向相关的关系。在蓝领群体和白领群体中这种现象都是普遍存在的。在对 6 个公司员工进行深入研究之后发现，如果员工旺盛感比公司的均值高出一个方差，那么该员工的绩效就会超出旺盛感低于公司均值一个标准差的员工的 16%（Porath 等，2008）。Paterson，Luthans 和 Wonho Jeung（2014）在针对美国 198 个领导–下属匹配样本的调查研究中发现，旺盛的个体往往会得到更高的绩效评价及发展机会。Walumbwa 等（2017）在针对 94 个工作机构中的 275 名员工的多时点多层次调查研究中，证实了集体工作旺盛感在服务型领导与工作绩效间起中介作用，而工作旺盛感在个体核心自我评价及积极健康之间起中介作用。这在一定程度上证实了工作旺盛感对工作绩效及健康的积极作用。

（2）个体态度及行为

拥有旺盛感的员工会给工作团队和组织带来新的思想，同时他本身也会用实际行动去推动创新思想的落地。Carmeli 和 Spreitzer（2009）曾经对 172 名来自不同领域的职员进行全方位的分析，他们发现员工之间的信任也能够对个体的旺盛感产生影响，进而促进员工的创新行为（innovative behavior）。组织公民行为是旺盛感的衍生品，具备旺盛感的员工会主动进行学习，并且会将其获取的知识与他人进行分享进而促进身边人成长。Porath 和同事（2008）的研究结果显示，拥有旺盛感的员工出现组织公民行为的概率比普通员工更高（Porat et al.，2008）。旺盛感越强的人其职业发展主动性也会越强（Porath et al.，2011），和同事间相互关系呈正相关（Porath et al.，2008）。这意味着具有旺盛感的员工会主动寻求学习和成长的机会，营造良好工作氛围来积极适应工作。另外，"旺盛"的领导其领导有效性（effectiveness of leaders）也要比"不旺盛"的领导高出17%（Spreitzer et al.，2012）。Wallace 等（2013）基于75个团队中的346名参与者的实证研究发现工作旺盛感对个体创新有显著的促进作用。Jiang（2017）通过对364名中国员工的研究证实了工作旺盛感在主动性人格与生涯适应力之间起中介作用。Zhai 等（2017）在针对中国白领的研究中证实旺盛感能够提升个体的生活满意度。Zhao 等（2017）在针对中国护士的研究中发现，工作旺盛感显著影响个体的工作满意度及离职倾向。Hildenbrand 等（2018）基于资源保存理论针对148名员工的配对调查数据证实了旺盛感可以帮助个体职业倦怠中恢复过来。

（3）工作-家庭界面

Porath 等（2011）对高级工商管理硕士的日常生活状态进行了测试，采用的测试量表是工作旺盛感量表。在一定程度上证实了工作旺盛感对工作-家庭界面的溢出效应。测试结果显示，所有参加测试的人员其工作旺盛感和生活旺盛感的发展状态是相对同步的，在工作过程中存在工作旺盛感的人，对家庭的影响也是积极正面的。事实上，家庭旺盛感比较强烈的人，也会将积极的情绪带入工作中，二者是相互促进的关系。

2.4　时间压力研究综述

对于现代人来说，时间不仅是一项宝贵的资源，还是一项特殊的资源。时间具有供给恒定、无法积蓄、无法取代、无法失而复得的特点，但紧张的社会节奏使人们感觉时间正在变少，在对德国的35 000人的时间使用数据进行深入研究之后发现，有47.3%的人所拥有的时间和其日常的工作生活需求存在矛盾（Merz and Rathjen，2014）。《中国家庭幸福感热点问题调查报告（2014—2015年）》是由中国社会科学院对外发布的，该报告中明确指出中国 52% 的人认为自己面临严重的时间压力，并且将其视为自己不幸福的诱因。可以看出：在当今快节奏的社会下，时间压力问题广泛存在于人们的生活之中，并对人们的工作和生活产生了重要的影响。特别是在当下中国的经济社会都处于全面转型的阶段，很多组织为了适应不断变化的环境，将更多的压力转移到了员工身上，导致员工所承担的工作任务和其所拥有的时间完全无法匹配，部分员工长期处于时间压力（time pressure）的状态中。一般来说，时间压力所产生的影响是较为负面的，它会导致个人的身体状态、行为态度和认知状况发生变化。

2.4.1 时间压力的概念

时间压力指的是个体感受到拥有的时间并不充足，这种感受完全是主观的。有学者对时间压力的概念进行了论述，这个论述是从社会角色角度和时间分配角度来进行的。李继波和黄希庭（2013）选择从时间分配角度入手，对其概念进行论述。在这个角度下，时间压力指的是个体将活动时间设置为连续坐标轴，时间压力和时间充裕位于这条坐标轴的两端，当个体感受到自己没有充足的时间去完成某项任务的时候，他就会感受到时间压力的存在（Szollos, 2009）；时间充足则是指个体有充分的时间去完成其想要完成的事，整个过程节奏舒缓。

Drach-Zahavy 和 Freund（2007）对时间压力的论述是从社会角色角度出发的，他们认为时间压力指的是个体意识到其所承担的义务和责任，已经超出了其时间所能承载的极限，这可以被归类为角色过载的一种形式。Gimenez-Nadal 和 Sevilla-Sanz（2011）及 Kalenkoski 和 Hamrick（2013）采用"time crunch"（时间缺乏）、"time poverty"（时间贫穷）等概念，并试图以此来解释时间不足的具体情况。Szollos（2009）认为，时间压力指的是个体没有充足的时间去完成工作、维护人际关系以及进行休闲娱乐，这种状态会使其产生焦虑情绪，时刻生活在紧迫感之中。有人会长期保持这种状态，有人则会在沉溺一段时间之后脱离这种状态。

2.4.2 时间压力的测量

1. 单维度测量方式

测量时间压力的策略方式目前主要有两种，第一种是时间–日记（time-diary）调查，第二种是自评量表，二者的差异主要在于其对应的时间压力结构观点不同。有一部分学者认为时间压力属于单维度，所以他只能选择用自评量表进行测量，有一部分学者认为时间压力属于双维度，所以只能采用时间–日记（time-diary）收集信息。Garhammer（2002）的时间压力指数量表和Kasser和Sheldon（2009）的物质和时间充裕量表，是此类研究使用频率较高的两种量表。前者包含10个条目，后者包含16个条目。26个条目中有一半都是用来判断被测量者的时间是否足够充裕，因为自评量表的使用方式较为简单，现有研究多采用此方法测量个体时间压力水平。

2. 双维度测量方式

认为时间压力具有双维度属性的学者，通常从情绪和认知两个角度入手进行研究。他们会使用时间–日记调查法、经验取样法（experience sample method，ESM）和日重现法（day reconstruction method，DRM）收集相关信息。第一种方法不但能够收集到个体对于时间压力的认知情况，还能够了解到其对于当下状态的具体感受，也就是其个体的情绪体验。使用这种方法收集信息的难度较大，所以使用频率并不高。

2.4.3 时间压力的后果

1. 身心健康

诸多研究显示，时间压力会对个体身心健康带来一系列的危害，这些危害主要包括心脑血管疾病、身心失调和情绪障碍等。在心脑血管疾病方面，一些研究指出，时间压力与个体心血脑疾病的发病率存在正向相关的关系。他对日本、中国、印尼、意大利、英格兰以及美国的文化进行研究之后发现，快节奏的生活所带来的压力已经成为冠心病患病的主要原因（Réale et al.，2010）。此外，Spielberger和Sarason（2013）研究发现，总感觉到时间压力和高竞争的 A 型人格的个体患有心脑血管疾病的概率远高于其他个体，其患病概率是普通人的两倍。如果个体能够改变A型人格行为，就能降低患心脏病的概率。在身心失调方面，一些研究表明，时间压力的增加与持续会引发个体出现身心失调症状。Roxburgh（2004）通过电话调查的方式进行社会调查，调查结果显示时间压力和抑郁之间存在正向相关的关系，而且感受到压力的女性人数要多于男性。该研究进一步揭示出时间压力是将生活体验转换成抑郁的机制。

2. 工作-家庭冲突

Greenhaus 和 Beutell 提出的工作-家庭冲突理论框架，其实是建立在决策领域基础上的。他们认为，工作家庭之所以发生冲突，是因为二者对个体角色的要求存在无法融合的部分。个体的时间和精力都是有限的，如果其将更多的资源投入工作中，家庭获得的关注就必然会减少。换言之，工作时间已经成为个体家庭矛盾爆发的主要原因。国外研究结果显示，工作时间和家庭冲突之间存在极强的关联性。工作时间和家庭是否存在冲突的问题，对不同地域来说会有不同的答案。对欧美国家来说，这一个问题的答案是肯定的，但是对于中国和拉丁美洲国家来说，二者之间关联性不大。Höge（2009）认为，时间压力会对个体的身心造成负面影响，它会引发工作家庭之间的冲突，最终让个体的身体和心理均处于失衡状态。在角色理论的框架下，个体在工作和家庭之间要解决三种不同类型的矛盾，这些矛盾分别来自压力、行为和时间，它们的存在会损害个体的身体健康，而矛盾形成的机制就是工作-家庭冲突。国内的研究中，魏玲（2010）、陈长蓉（2012）将医生护士作为具体的研究对象，通过研究发现工作时间和工作-家庭冲突之间存在正向相关的关系。金家飞等（2014）的研究证实工作时间对个体的工作-家庭冲突有显著正向影响。周路路和赵曙明（2010）基于资源稀缺理论证实时间要求会抑制个体的工作-家庭增益。

3. 幸福感

现存的理论研究成果指出，时间压力作为一种压力源会摧毁个体对幸福感的认知。van Emmerik 和 Jawahar（2006）发现，时间压力和幸福感之间的关系，并不会因为个体所处环境的变化而发生明显的改变。Gärling等

（2014）的研究结果也显示，时间压力能够让个体的情绪幸福显著降低，严重影响到了其对幸福感的体验。有学者对时间压力对个体幸福体验的作用机制进行了深层次的研究和剖析。Brown 和 Ryan（2003）认为，时间压力对于幸福体验的负面影响是通过正念来实现的，时间压力的存在让个体无法成功融入幸福的氛围之中。时间压力的存在本身会影响个人行为目的的实现，个人行为总是无法达到最终目的，其幸福感自然会有所下降。通过对根据上述所有中介机制进行的研究，笔者认为，时间压力通过降低个体对活动的参与度，使其无法从活动中体会到幸福感。

4. 认知功能

时间压力还会破坏个体对外界的认知，Shah，Mullainathan 和 Shafir（2012）在经过实验之后得出以下结论：当某项资源特别匮乏时，人们会将过多的注意力集中在这项资源上，在此过程中其认知能力会受到一定程度的损害。关键就是时间压力的出现，让个体不得不将注意力集中在这些问题上，认知负荷会导致其决策能力受到极大的负面影响。另外，Young 等（2012）的研究也表明，个体决策会因为时间压力发生变化，处于时间压力的环境下，个体的认知策略采用启发式的方法，这种方法的优势在于其加工速度相对较快，但无法周全地考虑所有信息。分析式策略的缺陷在于其速度相对较慢，但是它能够通过对认知资源的消耗，确保其决策过程的完整性。时间压力会让个体在决策过程中下意识地选择启发式的决策方式，导致其认知功能受到了极大的负面影响，无法完美完成认知任务。现存的研究数据显示，时间压力之所以会损害个体的认知能力，就是因为其对个体的消耗会造成认知负荷，当个体习惯于这种状态并习惯性地选择资源消耗的认知策略时，其认知能力就已经开始出现滑坡。

5. 时间压力的积极后果

（1）工作绩效

Baer 和 Oldham（2006）的研究结果表明，时间压力和工作绩效之间是存在一定关联性的，他们通过问卷调查的方式收集了 211 名食品生产企业员工的信息，这些信息大多和时间压力以及工作绩效有关。在整理数据之后，研究者发现时间压力和绩效数据的图表呈现出了倒 U 曲线。即在时间压力处于适度区间的时候，能够在一定程度上提升员工绩效。当时间压力的数据过高或过低时，其对员工绩效的影响都是较为负面的。Rice 和 Trafimow（2012）通过实验的方式对工作压力对绩效的积极影响进行了验证。结果显示，压力状况下的绩效成绩比无压力条件下的数据更高，这一现象佐证了时间压力能够提升个体绩效，这种推动作用非常有限，且行为人实施助人行为的频率会因此有所降低（Aaker et al.，2011）；另外，时间压力和组织公民行为之间是负向相关的关系（Eatough et al.，2011），助人行为和组织公民行为之间是能够对彼此产生影响的。

（2）幸福感

过去的研究大多聚焦于时间压力对幸福感所产生的负面影响，但是现有研究表明，时间压力也能够对幸福感产生积极的影响。Widmer 等（2012）经过研究之后发现，只要将时间压力限制在一定范围之内，它就能够在一定程度上提升个体的幸福感，这说明时间压力对于幸福感具有双重作用。Rodell 和 Judge（2009）的研究结果显示，时间压力有利注意力集中，还能够提升幸福感。Garhammer（2002）在对欧洲 14 个国家的工作环境调查（European Survey on Working Conditions）进行深入研究之后发现，时间压力并没有对幸福感产生任何负面影响，这种情况普遍存在于欧洲国家，这就是"时间压力–幸福感悖论"。之所以会存在这种悖论，主要是因为时间压力能够成为心流状态的前提，这种情绪有利于幸福感的提升。时间压力的存在类似于辣味食物，在不过量的情况下对于人的心理状况是有益的。冯一丹等（2017）认为，时间压力和个体主观幸福感之间呈现倒 U 形曲线，处于最佳区间的时间压力能够有效助推幸福感的提升。如果时间压力的水平超过了这一区间，就会对个体幸福感产生负面影响。

（3）组织自尊

个体从整体角度对自身进行的评价就是自尊，它的存在说明的自我认知本身就具有一定价值（潘孝富 等，2012）。基于组织的自尊（organization-based self-esteem）指的是处于组织内部或者工作环境中的个体所拥有的自尊，这种自尊来源于个体对其组织成员身份的认可（Ding et al.，2012），受到工作情境下所获得的自我评价和体验等因素影响。研究结果表明，时间压力和组织自尊之间存在正向相关的关系。Widmer 及其同事（2012）在挑战–阻碍模型的基础上，对挑战性压力源–时间压力的积极作用进行了深入的研究和剖析。他们发现时间压力能够促进组织自尊的发展。Boswell 等（2004）表示，时间压力和自我成长潜能、掌握感之间存在一定的关联性。元分析研究认为，工作越复杂、越具有挑战性，个体的组织自尊就会越强（Pierce and Gardner，2004）。Tierney 和 Farmer（2002）以问卷调查的方式收集了 584 名全职组织员工的信息，发现复杂度高且工期较短的工作任务，能够促使其提升工作效率、优化自我效能，自我效能本身就是组织自尊的构成要件之一（陈建文、王滔，2007）。

小结

虽然很多学者的研究已经证明，时间压力的负面影响以及中介变量的存在，但是对于时间压力对变量的调节能力，尚没有足够的理论依据作为支撑，部分研究能够证明部分组织变量具有降低时间压力负面影响的作用。Roxburgh（2004）的研究就是一个非常典型的例子，个体在获得同事支持的情况下，时间压力引发的抑郁情绪会得到一定程度的缓解。Kühnel 等（2012）认为，时间压力对工作投入的损害，可以通过消除时间压力的方法进行缓解。工作控制的力度和时间压力对工作投入的积极影响之间存在着正向相关的关系。换言之，时间压力以及其引发的后果，都可以通过调整工作环境的方法对其施加影响。根据资源保存理论（Hobfoll，2011），个体总是努力获取、保有和维护资源。以房屋、车辆为代表的物质资源，以爱人、友人为代表的条件资源，以金钱、时间为代表的能量都可以被囊括在资源的范围之内，时间压力能够对上述资源造成损害，以自尊、乐观为代表的个人特征能够降低这些损害的影响。因此，由于时间压力在实际生活过程中普遍存在且难以彻底清除，我们很有必要从组织和个体入手探寻有效缓解时间压力的损耗作用的机制。其次，时间压力的双刃效应已经得到科学的证实，但是学术界对其内在机制的了解仍然较为有限，相关学者只能选择其损害作用作为研究对象。Höge（2009）认为，导致工作家庭冲突爆发的是个体的身心失调，而引发个体身心失调的是其所遭受的时间压力。de Graaf（2003）认为，员工的参与感和其家庭都会受到时间压力的负面影响，其对个体幸福感的摧残是极为严重的。时间压力的促进作用并非学术界的热门课题，Baer 和 Oldham（2006）发现，时间压力与创新绩效之间呈倒 U 关系，但是并没有对其中介变量进行深入的研究。由此，时间压力促进作用的动机和情绪双路径机制值得深入探究。

2.5 职场焦虑研究综述

2.5.1 职场焦虑的内涵

在希腊文化中焦虑被视为一种预兆，这种预兆在古希腊人看来是可以接受的。他们认为这是个体对未来可能发生的事件做出了预警，这种情绪是道德高尚之人专属的。由此可见，焦虑在当时并不具有普遍性。中世纪时期焦虑开始逐渐地被当作一种情绪，它经常出现在人们反对某项事物或某种言论的时候。在时代主义哲学家克尔凯郭尔撰写的《恐惧的概念》一书中，对焦虑进行了较为明确的论述。焦虑是人面临自由选择时所必然存在的心理体验，焦虑的产生与人的自我意识的形成和发展有关。焦虑（anxiety）指的是个体对可能即将发生并能够对其造成损害的事件或情景所产生的负面情绪，这种情绪包含了烦恼、忧虑、不安、紧张等多种因素，整体呈现出较为复杂的状态。多数情况下，人类会对必然发生但是又不知何时发生的事物产生焦虑。对于焦虑情绪，人类总体上是抱有一定戒心的，但是同时忧虑、无助、紧张不安等情绪也会随之出现。职场焦虑（workplace anxiety）被认为是个体在源自各种压力反应下的一种压力症状（Jex，1998）。McCarthy等（2016）将其界定为由于员工工作绩效而产生的紧张、不安、忧虑等情绪状态。美国心理协会（American Psychological Association）在2009年的调查显示，40%的美国人认为自己曾经感觉到工作中的焦虑。而美国焦虑与压力研究协会（Anxiety and Depression Association of America）在2006年的调查也显示，72%的美国人认为每个工作日中的焦虑已经干扰其工作和私人生活。焦虑的构念最早起源于弗洛伊德的相关理论，Freud（1924）认为，减少焦虑及不安作为一种需要驱动人。直到Spielberger（1985）的实证研究，焦虑的研究开始吸引大量的实证检验。Spielberger进而将焦虑定义为在对威胁情景的评估中经历的紧张和担忧倾向，他强调焦虑的多面性并区分一般的特质焦虑和状态焦虑。Cheng和McCarthy（2018）将特质型职场焦虑界定为不同个体在工作绩效中体验到紧张、不安的差异，进而他们将情景型职场焦虑界定为针对工作绩效的紧张、不安的一种短暂的情绪状态。特质型职场焦虑与一般性的特质焦虑在理论上存在一定的差异，这主要是因为通常这种情况下特殊焦虑指的是个体对一般性焦虑情绪的感知后果。特质型职场焦虑的来源往往与个体的工作有关。作为一种特定情境的个体特质，特质型职场焦虑与考试焦虑（Spielberger，Anton和Bedell，1976）及竞技体育焦虑（Martens等，1990）有类似的特征。职场焦虑与神经质、消极情感及压力的相关构念存在一定的差异。工作场所的焦虑与神经质的区别在于，神经质会倾向于一种更广泛的负面情绪，比如恐惧和内疚，以及表现出较差的情绪稳定性（Goldberg，1990）。工作场所的焦虑也与消极情感不同。消极情感作为一种情感的性格，具有消极情感的个体往往会经历一系列负面情绪状态，并对自我持有负面看法（Watson和Clark，1984）。最后，工作场所的焦虑与压力也截然不同，普遍的观点是，压力是一种过程，环境和外部压力导致了主观的阐释并随后产生了压力应变反应（Bliese et al.，2017；Sonnentag and Fritz，2015）。

2.5.2 职场焦虑的前因

1. 个体因素

与工作场所特指型焦虑相关的人口统计学变量囊括了工作年限、年龄、性别等诸多因素。从性别角度看，教育程序对女性的影响要远远大于男性（Barrett，Robin et al.，1998）。在特定的工作环境中，比如在合同谈判之前（Brooks and Schweitzer，2011）及工作面试之中（Feeney et al.，2015），女性的焦虑程度明显比男性更高。有很多原因可以解释为什么女性会有更高层次的焦虑。首先，生物因素，如遗传倾向、生理反应和激素的影响可能会使女性在不同的环境中经历更高水平的焦虑（McLean andAnderson，2009）。其次，进化因素如女性的抚养家庭责任，也可能导致女性在面临工作中的威胁情景时显得更加焦虑（Craske，2003）。最后，女性所面临的历史和文化条件可能导致职场焦虑加剧。女性在进入劳动力市场以来，一直面临着工资差距、低层次的工作、职场天花板等现象（Padavic and Reskin，2002），因此在工作过程中，女性的焦虑程度也要也高于男性（Klonoff et al.，2000）。女性往往还面临着更高水平的家庭需求，这需要女性在履行家庭义务的同时平衡其职业生涯，这也将导致女性更容易体验到相对于男性更高水平的职场焦虑（Allen et al.，2000）。年龄及工作经验同样会对个体的职场焦虑产生影响。随着他们的任期和经验的增加（Katz，1980），员工们变得适应和精通他们的工作。员工还能获得与终身职位相关的工作知识和技能发展（Tesluk and Jacobs，1998）因此，年龄较大的个体（Roberts et al.，2006）和更有经验的员工（Motowidlo et al.，1986）可能会表现出较低的焦虑水平。核心自我评价是基于对一个人的价值的评估，是职场焦虑的另一个核心决定因素。核心自我评价包括自尊、自我效能、情绪稳定和控制点（Judge et al.，2002）。拥有高核心自我评价的员工倾向于以积极的态度看待自己，并认可自己有能力、价值及控制力（Judge, Van Vianen and De Pater，2004），这就为个体提供了应对职场挑战的力量和稳定性，让其面对危险时不会不知所措。因此，高核心的自我评价的个体很可能会体验更低水平的职场焦虑。相反，低核心自我评价的员工更有可能将自己的经历内化，并将失败归因于他们的无能，从而提升焦虑感。实证研究已经证实以上命题，例如，低自尊被发现与高焦虑水平有关（Sowislo and Orth，2013）。同样地，自我效能感被发现与一般的焦虑水平呈负相关，并预测焦虑障碍的发作（Muris，2002）。大量的证据也表明外部控制点认为重要的结果是无法控制的，是外在性焦虑的直接前提（Chorpita and Barlow，1998）。身体健康是职场焦虑的另一个重要前提，身体健康程度高的员工可能会表现出较低的工作焦虑水平（Ströhle，2009）。事实上，人们发现，身体健康和锻炼可以改善自我概念和情绪（Anderson and Brice，2010），激发积极情绪（Wichers et al.，2012），预防重大疾病（Lawlor and Hopker，2001）。元分析研究发现，身体状况欠佳与高度焦虑有关（Mitchell et al.，2013），而运动是一种有效减轻焦虑的方法（Long and van Stavel，1995）。运动能分散焦虑的注意力并提升应对焦虑的情绪（Bahrke and Morgan，1978；Morgan，1976）。

2. 情景因素

情景型职场焦虑的前因主要包括情景因素及工作因素。情景因素包括情绪劳动需要、任务需要及组织需要。工作任务的情绪劳动需要是导致个体焦虑的一个主要因素。情绪展示规则是员工在工作场所展示或压制的表达方式（Ashforth and Humphrey，1993）。例如，微笑服务的需求（Barger and Grandey，2006）可能会在繁忙的工作中特别耗费精力，客户的流动率很高，最终导致员工高水平的焦虑。考虑到焦虑的面部表情的负面含义，它也可能根据任务不同而有所不同。例如，进行审计或在紧急医疗情况下工作可能需要展示焦虑，因为高度警觉是有回报的。相反，演讲及说服客户需要其展示自信而非焦虑。焦虑的面部表情和伴随的身体语言暗示可能导致焦虑的表达或抑制，这将影响到工作场所焦虑的水平。因此，高情景焦虑很可能在需要高情绪劳动的任务中显现出来。其次，任务需要也是职场焦虑的重要情景因素，从压力理论来看，压力源，例如任务期限、任务困难、和任务模糊导致了压力反应如职场焦虑（Katz 和 Kahn，1978）。这些需要完成时间及角色要求产生的不确定性在一定程度上对个体构成了威胁，由此，挑战（例如工作量）和障碍（例如角色的模糊性）被发现与焦虑有显著积极的关系（Rodell and Judge，2009）。也有证据表明，员工往往会高估任务要求对自己的负面影响（Moore，2005）。考虑到职场焦虑源自个体的认知功能，高任务要求往往会增加个体短期焦虑感觉。再次，组织的要求，如组织变革、缺乏工作安全以及办公室政治，也可能会增加个体的职场焦虑（Astrachan，2004）。根据情绪模型（Weiss and Cropanzano，1996），组织需求对职场焦虑的印象主要源自组织过程及结果的内在不确定性。以往的研究已经证实，组织变革能够显著预测个体的焦虑（Callan et al，1994）。工作特征和职场焦虑之间是有关联性的，Hackman 和 Oldham（1980）的工作特征模型显示，工作类型、工作要求和工作自主性是与工作情景焦虑最直接相关的工作特征。工作类型很可能会引发高度的工作焦虑，因为快节奏和竞争激烈的公司环境已经被发现会培育高压力的文化（Godard，2001）。紧张的工作环境具有不可预测性、模糊性和不可控制性，这些都是导致焦虑体验的因素（Sonnentag and Frese，2013）。工作需求被认为是源自工作的心理、社会及身体需要，往往会对员工产生压力，例如任务截止期限、高工作量和角色冲突（Demerouti et al.，2001）。在大量的研究中发现，工作需求与情景焦虑有显著相关（Dawson et al.，2016；Sprigg et al.，2007）。工作自主性反映了员工对完成与任务、决策或资源使用相关的工作的控制程度（Spector，1986）。大量的研究表明，那些感觉工作自主性低的员工会有更高程度的焦虑感。工作自主权也被发现与呼叫中心的工作焦虑有关（Sprigg et al.，2007）。

2.5.3　职场焦虑的后效

1. 职场焦虑对工作绩效的促进作用

焦虑具有信息功能，当期望目标和现实目标之间存在差异时，焦虑为个体提供信号（Carver and Scheier，2011）。例如，对于任务完成，焦虑提供的信号可以促进个体更努力以完成任务（Schwarz and Bless，1991）。依据自我调节理论，特质型的工作场所焦虑可以通过缓慢、反思及不带情感的自我调节系统，仔细搜索信息和仔细研究角色并预测行动的行为后果（Carver et al.，2008）。因此，特质型焦虑往往与长期焦虑的努力心态有紧密联系，这使得那些经历了长期工作焦虑的员工往往能够计划并制定目标导向的行为和行动来促进工作的表现。因此，性格焦虑的个体更有可能致力于实现目标，并努力尝试以达到预期的结果。因此，焦虑的员工可能会投入更多的精力和策略来达到他们的目标并避免消极的结果（Norem and Chang，2002）。特质型职场焦虑的员工会调动他们的资源，引导他们的行动来实现任务目标。因此，焦虑的个体可以使用反思的自我调节行为来进行必要的调整以促进绩效提升。Mughal等（1996）的研究证实，特质型焦虑能够显著影响个体绩效。Perkins和Corr（2005）针对保险公司经理的研究发现，焦虑对能力强的个体的工作绩效有显著正向影响。情景型职场焦虑对工作绩效也存在促进作用，情景型工作场所焦虑是一种不愉快的感觉，它会激发减少或消除焦虑的动力（Spielberger，1985）。情景型工作焦虑水平的升高会促进个体觉醒，而觉醒可以通过促进员工的行为来推动任务完成，这些行为可以帮助员工在手头的具体任务上监控他们的目标进展。在特定的绩效阶段（例如，向潜在客户做一个重要的陈述）的焦虑感可能会触发低层次的自我调节系统，个体通过这种直觉和情感的系统的提示来回应情绪波动（Carveret et al.，2008）。有研究表明，诱导性唤起在特定的时期能促进个体更高水平的任务表现，例如唱歌表演和公共演讲（Brooks，2014）。近期研究也表明，情景型焦虑会促进自我调节行为（如自我控制）（Prem et al.，2016），这让那些对自己的表现感到焦虑的员工能够克服动机不足，并通过额外的努力来促进绩效提升。

2. 职场焦虑对工作绩效的抑制作用

职场焦虑对个体的工作绩效存在一定的抑制作用，焦虑对于绩效的抑制作用主要源自焦虑导致个体资源损失而带来的情绪耗竭。资源保护理论（Hobfoll，1989）认为，个体拥有有限的资源储备，如能量和专注力，而这些资源会随着使用而耗尽。资源保存理论的一个关键命题是对资源消耗的长期关注，如果资源长时间未得到补充，就会导致慢性症状，如情绪衰竭（Maslach and Leiter，2008）。由于绩效需要个体付出资源才能达成，因此职场焦虑将导致个体资源耗竭而降低个体的工作绩效。性格焦虑的持续本质将导致资源的消耗，这在情感疲惫中表现出来。情绪疲惫反过来又会降低员工有效执行的积极性最终降低其绩效（Halbesleben and Bowler，2007；McCarthy et al.，2016）。情景型职场焦虑也对工作绩效存在消极作用，当个体处于焦虑状态之中时，他们很难专注于手头的特定任务，导致显著的绩效下降。换句话说，员工在处理特定情况下的工作场所焦虑时，会受到认知干扰，认知干扰指的是把过多的认知处理时间花在与任务无关或任务之外的想法上（Sarason et al.，1996）。例如，对某项任务感到焦虑的员工会担心他们在任务中的表现可能导致其失败，而这种不胜任的感觉会一直现在他们的脑海中，他们可能还会花费大量的认知过程来思考同事们在做什么，或者还有一大堆等待他们完成的任务。这些侵入式的思维方式会阻碍个体全神贯注于工作任务，导致认知超载和精神分心（Sarason et al.，1986）。最终这些会干扰执行任务的心理过程，导致完成任务所需的资源减少并降低个体工作绩效（Clore et al.，1994；Loewenstein and Lerner，2003）。焦虑对于绩效的消极作用在大量研究中得到了证实，Pitt等（2000）、Schell和Grasha（2000）及Kouchaki和Desai（2015）的研究均证实焦虑能够负向显著预测领导对下属的绩效评价。

小结

职场焦虑已经逐渐引起理论和实践层面的多重关注，但职场焦虑的研究在现阶段仍相对分散及匮乏，未来的研究可以从以下几个方面展开。一是职场焦虑内涵的拓展及测量量表的开发。职场焦虑的概念及测量量表在现阶段依然存在一定的争议，未来研究中应深化针对职场焦虑的内涵、维度及测量方面的研究。二是职场焦虑的后效研究，现有针对职场焦虑的后效研究大多集中于其对工作绩效的影响，但职场焦虑对个体健康、工作-家庭界面以组织层面结果也存在广泛及深入的影响，未来研究可以结合纵向研究深入挖掘职场焦虑对后效的影响。三是职场焦虑的前因变量研究，现有对于职场焦虑的前因主要聚焦于组织层面及工作特征层面，社会焦虑泛指社会中不同群体的紧张不安状态，例如从事医学、法律、销售等相关行业者，均存在着焦虑的状态，其焦虑的前因在一定程度上存在着一定差异，未来研究可以深入挖掘不同群体的职业焦虑以拓展职业焦虑的前因研究。四是群体层次的职业焦虑研究，现有职业焦虑的研究大多基于个体层面展开，基于情绪感染理论，个体的职业焦虑很容易通过职业焦虑传递给所在的团队及群体，群体职业焦虑是否会导致群体的情绪耗竭并较低群体的绩效水平，值得深入探究。

第3章 理论基础与研究假设

3.1 理论基础

3.1.1 资源保存理论

Hobfoll（1989，2002）在关于员工压力与应对方式的研究中提出了资源保存理论（conservation of resources theory，COR）。首先，资源保存理论将资源的概念定义分为两个部分，一是从个体的角度看具有中心价值的存在，二是能够帮助个体获取中心价值的存在。前者主要指的是健康的身体或者良好的心理状态，而后者主要指的是社会支持、金钱、地位、信用等存在。显然，这种定义显得过于宽泛，一些有价值的实体对于他人来说可能并非具有显著价值（工作资源可以促进敬业但也会带来家庭和工作的冲突），因此，Halbesleben 等（2014）对 Hobfoll 提出的资源概念进行了改进，他们认为，任何可以帮助个体达成其目标的方式都可以被认定为资源。Hobfoll 提到的这些资源既包括工作资源也包括个体资源。Demerouti（2001）等认为，工作资源包括上级管理人员的指导、工作控制、技能、同事支持以及绩效反馈。这些资源有潜在的动机性质，因为这些资源使员工的工作更有意义；资源的存在能够提高人们的工作效率，促使他们以更高的工作热情去解决工作过程中面临的各种问题。个人资源和自我的关联性较强且这种关联有伸缩的空间，是个体对环境的掌控力（Hobfoll et al., 2003），其中重要的心理资源如心理资本、积极情绪、自尊等。Hobfoll 特别强调心理资源的积极作用，他认为不管哪种心理资源都可以帮助人们获取成功。其次，资源对个体的作用体现在以下几个方面。一是人们具有努力获取和维持其自身资源的本能，资源的存在能够提高人们的工作效率，促使他们以更高的工作热情去解决工作过程中面临的各种问题（Hobfoll，1989）。二是资源的丧失或资源不能取得预期的回报以及资源不能满足需求时，便就会产生压力和不安全感（Lee and Ashforth，1996）。三是为了化解资源流失的压力，人们往往需要对资源进行投资以获取新的资源或者避免出现资源外流的情况（Halbesleben，Harvey and Bolino，2009）。Brummelhuis 和 Bakker（2012）在资源保存理论的基础上提出了工作-家庭界面资源模型。首先，Brummelhuis 和 Bakker 基于资源保存理论将资源进行了分类。其中第一个维度划分为情景资源及个体资源，情景资源包括婚姻、雇用关系、家庭及社会网络中提供的社会支持；个体资源则包括个体的特质及能量，例如技能、知识、经验、心理能量、时间、健康等。情景资源往往能够帮助个体达成其个人目的。第二维度则基于资源的可转化的程度将资源划分为结构性资源及易变性资源。结构性资源具有较强的稳固性，不会随时间的变化而变化，包括婚姻、雇佣关系、家庭及社会网络提供的社会支持，个体的技能、知识、经验、人格特质及健康水平；易变性资源包括个体的情感、情绪、心理能量、认知能量、注意力及时间等。此外，Brummelhuis 和 Bakker 还提出了宏观资源和关键资源的概念。宏观资源泛指个体嵌入的经济、社会及文化系统的特征，包括文化、社会公平、财富及公共政策等。而关键资源则指的是有助于选择、置换、协调及管理其他资源的相关资源（Thoits，1994），包括自我效能、自尊、乐观、社会权力等。其次，Brummelhuis 和 Bakker 提出了工作-家庭资源模型，他们认为工作-家庭冲突反映了情景要求导致的个体在一个领域（工作或家庭）的个体资源的流失进而导致个体在另一个领域（家庭或工作）出现消极结果。而工作-家庭增益则恰恰相反，它反映了情景资源促进个体在一个领域（工作或家庭）个体资源提升进而为另一领域（家庭或工作）带来积极结果。例如，来自家庭伴侣的情感支持（情景资源）将提升个体以积极情绪及自尊水平（个体资源），进而帮助个体提升工作中的活力最终取得高水平的绩效（Greenhaus and Powell，2006；Rothbard，2001）。其中，情景需要既可以来自工作领域也可以来自家庭领域，包括角色超载、情绪要求、身体要求、认知需求等（Bakker and Demerouti，2007；Peeters et al.，2005）。情景资源包括社会支持、自主性、发展机会及绩效反馈等（Demerout et al.，2001；van Daalen，Willemsen and Sanders，2006）。个体资源包括身体、心理、智力、情感及资本等资源。再次，Brummelhuis 和 Bakker 提出了宏观资源及关键性资源的作用，关键性资源往往代表着个体的一些积极特质，关键性资源能够帮助个体成功应对外界的环境压力，那些具备这些关键性资源（例如乐观、自我效能、社会权力）的个体在压力的环境中更容易成功解决问题。ten Brummelhuis 等（2011）的研究发现，那些被内部激励的个体在面对内部压力时具有更为灵活的应对方式，而那些具有更高社会权力的个体则以阻止情景需要带来的潜在威胁。例如一些高级顾问可以推迟重要的时间日程以突破时间约束。当然，具有关键性资源的个体也更能有效利用情景资源，具有尽责性特质的个体往往更富有组织能力、目标导向的特点。研究表明，这些个体往往能够有效利用工作自主性以达成高效率的活动。此外，宏观资源也能对工作-家庭界面产生积极影响。例如，公共政策、工会组织、文化价值观及社会公平等，例如，公共儿童托管能够使双职工夫妻将工作和家庭更好地协调起来。对于经济发达的国家来说，夫妻二人同时进入劳动力市场的需求降低，降低了双方的工作-家庭冲突。文化价值观同样调节着工作-家庭过程（Spector et al.，2004）。例如在集体主义国家之中，长时间工作往往被认为是实现家庭经济价值目标的一种途径而广泛地被接受。最后，Brummelhuis 和 Bakker 还提出了工作-家庭资源模型的短期过程模型及长期过程模型。Hobfoll（2002）认为，压力源带来的压力具有短期和长期两种特征。如果压力源具有稳定长期特征，个体资源将无法或很难有效应对长期的情景需要，进而导致资源的损失螺旋（loss spiral）。类似的，稳定的情景资源则可以帮助个体有效应对外界需要并获取资源进而达成积累螺旋（gain spiral）。实证研究已经证实了倦怠和敬业度之间的损失螺旋机制（Schaufeli et al.，2009）。Brummelhuis 和 Bakker 认为，一个领域（工作或家庭）中的长期及稳定性的需求将促使个体不断投入个体资源，进而会消耗更多的结构性个体资源（例如健康），最终导致个体在另一个领域

（家庭或工作）产生长期性的结果消极。例如持续性的家庭压力将增加个体的身心压力进而增加其患疾病风险，最终可能导致工作领域中出现消极结果（ten Brummelhuis, ter Hoeven et al., 2012）。类似的，一个领域中的结构性情景资源将有助于个体积累个体资源进而达成另一个领域目标。例如拥有广泛社会网络的个体由于具备更为丰富的劳动力市场的知识而有助于其找到更好的工作（Bernasco et al., 1998）。相对于长期过程，短期过程往往发生在个体一日内微观层次的工作中（Ilies et al., 2007）。Ilies 和同事研究证实个体每日面临的工作需要将导致个体每日体验到的工作-家庭冲突，进而降低个体在家庭中社会活动的投入。因此，短期性的需要和资源将消耗或产生不稳定性的个体资源（例如能量），从而造成不稳定的结果。而长期稳定性的外界需要及资源将导致资源的积累螺旋或损失螺旋进而产生长期结果。

3.1.2　工作能量理论

在生物学和心理学中所有有关人体机能的研究都逃不开能量这一构念（Cole et al., 2012）。随着西方积极心理学的兴起，工作中能量逐渐成为近年来学界的研究焦点（Fritz et al., 2011；Menges et al., 2016；Kahrobaei and Mortazavi, 2016）。Millner（2012）认为，组织筛选人员最为重要的标准并非教育水平和经验，而是乐观、富有激情和充满能量（Cole et al., 2012）。《哈佛商业评论》发文倡导组织构建员工能量管理计划。从传统层面上看，能量属于个体内部现象的一种，分为生理能量和心理能量两种类型，前者属于生物科学的范畴，以不同的化学物质的方式存在于人体内部。在工作过程中会让这些潜在能量全部消耗掉。测量生理能量的时候需要采用主观评价法（Hobfoll and Shirom, 2001），这还需要引入各类能够检测生理指标的科学技术手段，确保最终能够以量化的方式得出检测数据。不过因为涉及血液检测等生理干预手段，在实际研究过程中使用的频率并不高（Gailliot and Baumeister, 2007）。工作中能量可以划分为个体能量（individual energy）、关系能量（relation energy）及集体能量（collective energy）三类。个体能量多数情况下指的是心理能量，作为一种积极的情感觉醒，它能够使个体对特殊事件发生产生影响（Quinn and Dutton，2005）。Barsade（2002）以能量强度和积极性作为划分标准，那么因为生理能量而产生的情绪感知就有很多种类型，具体包括欢快热情（cheerful enthusiasm）、平静温和（serene warmth）、敌意易怒（hostile irritability）和抑郁迟钝（depressed sluggishness）等4种类型。情绪能量和热情等本就是心理能量的构件（Peterson et al.，2009），整个过程其实就是个体在对生物行为系统的激活程度进行感知，这种存在完全依赖于个体的主观体验。在个体之间进行互动的时候会产生关系能量，它能够对工作能力、绩效以及心智谋略产生一定的积极影响。这种能量属于个体能量的一种类型，由情绪体验和心理状态两部分共同组成。它只出现在互动过程中，能量越强说明个体获得资源的途径和机会越多，能够有效提升个体在工作时的主观能动性，缩短其与既定目标之间的距离（Owens et al.，2016；Quinn et al.，2012）。已经有学者对社交连接进行了测量，它能够影响能量体验，还会引发组织内部的变化（Cross he Parker，2004）。McDaniel（2011）站在能量供应方的角度提出，可以通过自测判断互动关系中的能量表达状态。Owens等站在能量接受者的角度需要在能量领域投入更多的研究资源，在社会感染（social contagion）理论和资源保存理论的基础上对关系能量进行诠释，使其逐步完善。基于Baker等（2003）的研究，Jansen（2004）认为，积极情感是能量的重要组成部分，但是它并不等同于能量内容。根据已有理论，Cole等学者提出了集体力量这一概念。它会出现在组织内部所有成员追逐同一目标的过程中。这种力量的诞生是自发的，整体情感状态较为正面，同时还具有唤醒认知的作用。要对其进行判断，需要从情感、认知和行为三个维度入手。情感维度主要针对的是员工对待工作的态度，例如他们共同创造并分享的情感以及他们的情感是如何被唤醒的。认知维度主要针对的是他们思考问题、解决问题、分享答案的过程。在此过程中，需要通过精神激励来确保员工的注意力集中在问题上，确保他们拥有一个相对积极的心理状态。行为维度主要针对的是员工为了组织利益所实施的各种行为，组织成员的工作强度效率以及其享受的心理资源都在其关注的范围之内（Cole et al.，2012）。国内学者姜荣萍和何亦名（2014）第一次证明了集体能量对单元内部效能和公司绩效的影响，及其在变革型领导与组织效能之间的中介作用。

工作过程中产生的集体能量关系，能量和个体能量所诞生的组织层面存在一定差异，这种差异也存在于不同能量的产生方式、作用机理和表现维度等领域。这三种能量目前处于相对独立的状态。但三种能量存在着转化关系。Quinn 等（2012）梳理了包括自我决定理论在内的六大理论，解释了能量的枯竭与循环得以同时存在的固有矛盾现象，进而整合出了一个从个体角度出发的能量变动路径。Collins 的互动仪式理论让面对面的互动过程更为具象化。实现这一互动需要具备以下条件：首先，参与者人数必须在两人以上；其次，二者的关注焦点不能出现偏差；再次，他们要能够思考并感知彼此的情绪。个体在活动过程中所发生的情绪感染具有强化能量的功能。另外，他们还要假设对方试图通过互动的方式提升自身能量（Collins，2004），活动过程中能量开始出现在交互层面，在此过程中必须遵守以下条件：一是能量能影响个体的人际互动策略；二是人群中的能量能够共享和传播。当能量的流动限于两个互动个体时，能量的交换与感染是基于互动双方的共同关注点与感受的，这种能量形态从单一个体切换到一对一的二元互动层面，呈现为关系能量，并且在这一过程中由于社交感染的作用，个体所匮乏的能量资源得到了来自特定互动对象一定程度的补充（Owens et al.，2016），导致个体能量和集体能量之间通过转化和补给的方式形成一种对流闭环。如果能量交互所涉及的主体达到了两人以上，那么这种状态就可以被称为多元互动。此时，个体能量的属性已经转变为集体，集体成员的共识以及其对同一目标的追逐，是促使集体能量诞生的主要原因。组织内部成员会在交往过程中产生情绪感染，同时他们还会将很多内容进行分享（Cole et al.，2012），能量的集体属性可以在行为、认知以及情感的三个层面上感知到。在此过程中，能量本身得到了进一步的加强。个体能量和集体能量在流动方向上存在一定的差异，但是互动性就是它们诞生的主要原因。个体能量在向集体能量的转化过程中将会得到一定的补充。这样的活动很有可能会发展为长期化的活动链条，这一道理同样适用于短期的人际交往，因为这种关系很有可能会发展成可持续的集体互动，即关系能量对集体能量存在着一定程度的促进作用。

1. 个体能量→关系能量

个体能量并非无限的，能量是否充足将会直接影响到个体的状态。能量告急必须要及时对其加以补足（Lanivich，2015）。个体需要通过建造一个有利于资源存储的社会环境来缓解其所承受的压力。而能量包含在能够存储的资源范围之内（McDaniel，2011），通过不断对能量进行补充并提高其存储上限，可以让资源以螺旋式增益的形式不断增加（曹霞、瞿皎姣，2014）。Fritz 等学者（2011）在研究能量补充方式的过程中发现，高质量的同事关系对能量的保存是极为有利的，同时还有利于工作绩效的提升。Heaphy 和 Dutton（2008）的研究结果显示，积极的工作关系有助于激发个体的生理能量和情绪能量，使其在互动交流过程中表现得更有活力。换言之，这就是个体从高质量互动过程中获取能量的过程。在双方主体进行互动时，个体对关系质量的要求很大程度上取决于其对于能量补充的要求，很多人倾向于与具有高能量表现的对象进行互动（McDaniel，2011），此时个体与互动对象有着共同的关注点，"对彼此的行为和感受越来越易于察觉，对彼此的觉知变得更为敏锐，对共同情绪的体验强度更大"（Collins，2004），逐渐实现了情感和行为的同步。当互动对象展现出更多的积极情绪与更高水平的能量表达时，个体能够在这种互动中获得更多共享的兴奋感、自信心和行动力，即能量激活感受会在互动者之间产生并传递，从而提升个体的能量体验强度。

2. 关系能量→个体能量

能量激活感受会在互动者之间产生并相互感染（Owens et al.，2016），在社交情绪中，这种感染效应体现得极为明显（Hasford et al.，2015）。思想、动机、态度、行为等事物在传播过程中，能够成为个体获得能量的媒介。作为资源的一种类型，关系能量的补充是通过社交感染和个体互动来完成的。需要注意的是，有效的能量补充需要参与交流互动的个体在心理层面感受到能量的波动。换言之，就是个体在交流的过程中产生了相对积极的情绪，这种情况下能量激活感受才会得到补足。整个过程符合情绪感染理论的"察觉-模仿-反馈-情绪"模型（张奇勇，2013）。根据情绪感染模型,当一个能量主体察觉另一高能量客体的情绪信息时,他会主动模仿这种情绪特征作为信息察觉的反馈,而这种模仿-反馈机制会影响觉察者的情绪判断,使其被情绪左右,形成互动对象的积极情绪共享。这种感染过程强化了能量主体(觉察者)的积极情绪,使得能量主体获得了强大、自信和勇于争先等能量激活感受(Owenset et al., 2016),从而进一步引发主体的积极进取行为,提高工作绩效。能量激活感受在双方互动和社交感染过程中不断交换与传播,能量主体的能量感受进一步得以强化,实现了能量的补充,由此形成个体能量-关系能量的对流。

3. 个体能量→集体能量

当个体成为集体的一分子,并且需要同集体内的其他成员进行多元互动的时候,个体的二维能量覆盖面将会扩散到整个整体,他会以情绪共鸣和共识的形式存在,还会导致组织内成员的行为愈发趋同。Owens 和 Hekman(2016)认为,在人际交往过程中,个体的情绪动机都能够对彼此产生影响,并在此过程中形成一种共识。从团队内出现共同行为的时候,就意味着这种共识已经出现。在个体能量转化为集体能量的这一过程中,其结构维度发生了变化。之所以会出现这种情况,是因为个体在回应集体的期待,并且为实现集体目标而努力。这种能量受到共识的影响,已经由个人的感知升级为集体的共识(referent shift consensus),使用能量的状态不再受到个体因素的影响,而是由成员之间的互动状态和信赖程度决定。Owens 等学者在研究过程中发现,同样的传递可以通过人际交往的方式完成,其仍然能够作用于个体使其行为发生变化。由此可见,当关系能量达到一定标准时,员工的工作参与度以及其对公司的观感将会有极大的改善。互动仪式有多个参与者,但是其目标是相对统一的,随着参与者和所属情境的变化,仪式也在不断革新,并最终形成互动仪式链(interaction ritual chain),它能够成为集体单元的纽带,同时个体的互动情境将会成为集体单元的一部分。在此背景下,所有的互动过程都会让个体的情绪体验趋于正面,最终成为个体获得能量的稳定来源(Collins, 2008),个体在集体过程中会将自己的积极情绪、认知情况、主观行为等与其他人一同分享,从而引发不同主体在情感上的共鸣,这些个体在认知以及行动层面会开始趋向于一致化。成员之间高度一致的程序以及行为,让他们得到了相同的体验,这就是集体能量的诞生过程(Collins,2004),集体成员之间相互信赖,并且有足够有效的互动沟通是集体能量诞生的前提。

4. 集体能量→个体能量

当工作环境充满能量的时候,个人的情绪和智力也会得到充分的调动,其整体行为也会有明确的目标感(Baker et al.,2003;Jansen,2004)。在实际工作过程中,个体的情感行为和认知都会受到积极能量的影响,这种影响可以视为积极情绪的拓展和建构作用。个体应该注意其影响范围较之前有所延展,同时其掌握的技能也更加丰富(Gupta and Devalina,2015)。情感能量作为集体能量的一种类型,产生于集体成员对于相关事件的认知,在部分个体将其主观感受和情绪分享给其他成员之后,整个集体就会产生出一种相对于趋同的行动趋向,但是这个行动趋向是没有具体目标的。它兼具专注和开放的特质,让个体对于其所属环境投入更多的关注。个体会开始积极寻找各种途径和方法解决各类问题(Gupta and Devalina,2015),产生新的认知行动趋势。所谓认知能量值的就是让所有集体成员进行有建设性的思考行为,推动他们去解决在实际生活过程中面临的问题。在此过程中,集体成员实质上是在进行智力分享,他们集中注意力为最终可能实现的结果而努力(Cole et al.,2012)。

5. 关系能量→集体能量

二元的关系能量能够让双方主体的情感得到进一步的升华,提升其互动链条的稳定性(Collins,2004),个体对群体的归属感,以及群体内部所产生团结感的前提,是要保证互动行为的可持续性。通过情感让集体层面和交互层面的能量产生链接,使其完成个体能量向集体能量的转换。能量传递的过程中,所有个体之间直接产生的交流或者关注,都可以被视为互动仪式的启动程序。个体之间的互动行为很可能存在暂时性和偶然性,但是随着仪式的逐渐完成,互动频率的逐渐增加,这种互动关系有可能会逐渐转化为一种可持续的状态,情感就是维系这种互动状态的重要因素(Collins,2008),实际案例证明,情感关系对人际关系的预测作用和影响是积极且正面的(李敏,2016),互动仪式的不断进行,将会使互动主体之间的情感纽带得到进一步的深化和加强，在此过程中他们会对彼此产生一种归属感和团结感。个体能量在此期间会转换为集体能量，这样有助于集体目标的实现。整个行动过程中，集体的成员们发生了情感上的共鸣，通过自发性的行为以及对认知的警觉性确保了能量转换的成功（姜荣萍，2014）。由此可见，关系能量能够促进集体能量的产生。

6. 关系能量→集体能量

集体能量是个体互动行为发生的诱因，同时也能够推动互动仪式向着更加深入的方向发展。在关系能量的生成和催化阶段，集体能量也能够发挥作用。集体能量作为一种高层次构念是在个体互动中产生的，具有可持续的特质。在集体能量诞生之后，其主要作用于互动关系之外，会对其关系建构进行进一步的完善和优化（Cole et al., 2012；Morgeson and Hofmann, 1999）。集体氛围能够作用于个体的结果变量，同时集体氛围的产生也是在个体成员的参与下完成的。团队和组织的安全氛围对其实际事故率的影响就是一个非常典型的例子（Zohar and Luria, 2005），成员对组织承诺的信任度很大程度上取决于组织的氛围是否公平（Yang et al., 2007）。在成员互动过程中必然会达成部分共识，还会不断地强化这种共识，最后它会演变为一种行为惯例。组织成员在进行信息分享的时候，会更加倾向于将信息分享的范围局限在组织的范围之内。形成较高层次且互动频率相对频繁的氛围，会影响到低层次个体的状态和行为（张志学，2010），它会为个体的行动提供指引，使个体更加积极地参与到互动活动中。互动频率的升高就意味着他和组织内其他主体的联系变得更加紧密，这种交互关系稳定下来之后，他在组织内部生活的时间将会被进一步延长。在此过程中形成的关系能量，会为他日后的生活和工作提供支持。

能量转换模型如图 3-1 所示。

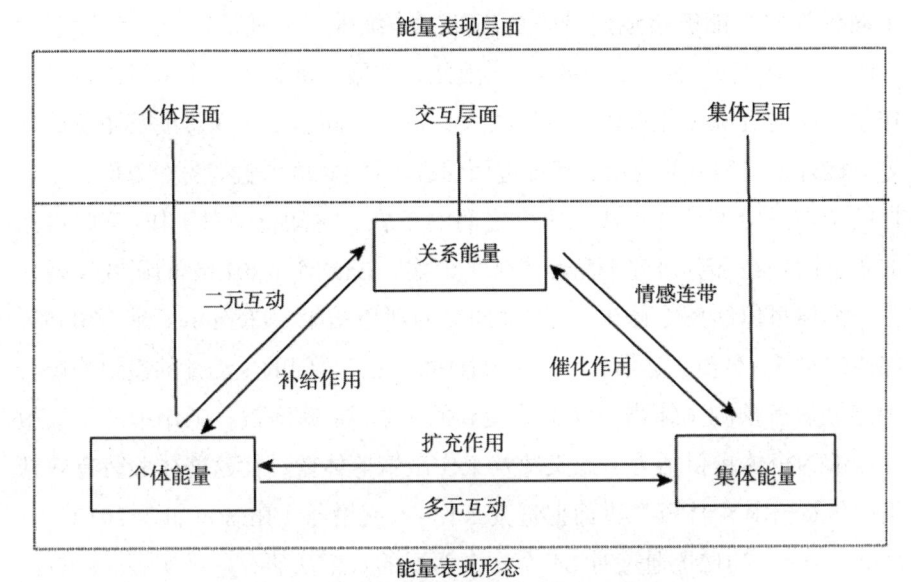

图 3-1 能量转化模型图

3.2 研究假设

3.2.1 主动行为与工作–家庭增益

无论是在工作过程中还是在家庭生活中，个体都会获得资源，具体包括经济收入或者自尊层面上的满足。个体在相应决策领域中的表现可能会因为收益的存在而得到一定程度的提升。工作家庭增益的关注重点就在于其收益能否提升其工作状态，或者让家庭生活的质量得到一定程度的优化。换言之，将 A 领域收益用于 B 领域的过程就是增益发生的过程。增益发生的方式主要有两种，第一种是工具性途径，第二种是情感性途径。工作家庭的增益研究主要就是为了找到提升工作绩效和家庭绩效的具体方法。个体可以通过环境资源来达到这一目的，其工作情境将得到进一步的完善和优化。其中，工作过程中获得的技术和积极情绪对于家庭活动来说都是非常有益的。在工作过程中实施主动行为，不是为了对自身进行调整以适应环境，而是为了抓住机遇给自己带来实质性的跃升。因此，实施主动行为往往能够给他们带来更高的工作绩效、职业成功及工作满意度（Crant，1995；Seibert，1995）。因此，实施主动行为的个体可以通过工作中收获的资源（如自尊、经济收入、领导认同、工作满意度及职业成功等）提升家庭领域的角色满意度进而促进工作-家庭增益。另一方面，主动性的个体还能够调和工作和家庭之间的矛盾。主动行为对工作-家庭增益的积极影响在部分研究中已经得到了证实，Lau等（2013）的研究发现，主动人格可以缓解个体工作-家庭冲突的消极结果。Germeys等（2015）在通过对87名员工连续10天的调查中发现，日间的主动性的组织公民行为能够显著预测个体当天晚上体验到的工作-家庭增益。工作中的积极敬业能够为个体提供活力、意义感及工作激情等体验，而这些体验将有效帮助个体提升其个体资源进而促进其工作-家庭增益（Ilies et al.，2017）。Culbertson（2012）通过对84个样本两周的日记法研究中证实敬业度较高的员工将体验到更高的工作-家庭促进。Nielsen等（2015）的研究证实，个体在职业中的呼唤能够直接促进其工作-家庭增益。由此，提出本研究假设：

H1：主动行为与工作-家庭增益正相关。

3.2.2　主动行为与工作-家庭冲突

Greenhaus（1985）在提出工作-家庭冲突时指出，工作-家庭冲突有三种表现形式，其中，基于行为的冲突（behavior-based conflict）是工作-家庭冲突的一种重要表现形式。Greenhaus认为，一些角色内行为的角色期望可能对另一个领域并不适用，例如职场的男性经理角色其行为更强调自立、情绪稳定、客观以及进攻性（Schein，1973），但作为家庭成员的丈夫或父亲其行为角色往往被期望为温暖、慈爱、富有情感的。如果个体无法在不同领域调整其内在角色期望，个体往往会体验到角色带来的工作-家庭冲突。Dierdorff和Ellington（2008）通过实证研究证实了行为角色需要中的相依性及他人责任性能显著预测工作-家庭冲突。主动行为是出于行为人对未来的预见，其目的是改变自己所处的环境，或者对自身进行优化和完善。例如对工作方法和组织架构进行优化，或者学习更多的技术。性格导向和未来导向才是其关注的焦点（Parker，Williams and Turner，

2006）。Grant 和 Ashford（2008）认为，主动行为包含了很多内容，除了动作以外，计划和预期也是主动行为的一部分。Frese 和 Fay（2001）也认为，主动行为包括重新定义任务、信息采集与诊断、计划与行动、监控与反馈等四个阶段。Bindl 和 Parker（2009）将主动性过程作为实证研究的具体对象，他们认为主动性可以被划分为多个阶段，具体包括展望阶段、计划阶段、行动阶段和总结阶段四个阶段。主动行为对工作-家庭界面冲突的影响在部分研究中已经得到证实。首先，主动行为的实施往往需要超越角色进行，基于角色理论，主动行为的实施往往可能导致个体角色超载而使其无法完成家庭成员的角色要求，进而引发工作-家庭冲突。Bolino 和 Turnley（2005）通过 98 对夫妻的研究证实，具有组织公民行为的主动行为往往与工作-家庭冲突显著正相关。Halbesleben 等（2009）在通过对 3 个不同部门 844 名的员工样本的研究再次证实了组织公民行为对工作-家庭侵扰的积极影响。其次，由于主动行为的实施往往需要个体深思熟虑提前思考、制定长期目标，工作场所的主动行为的实施需要个体花费一定的工作时间以制定行动目标及行动方案，因此，这将导致个体将大量时间投入工作角色之中，这将导致个体承担家务和参与家庭活动的时间减少，最终引发工作-家庭冲突。一些职业中的主动行为有时发生在家庭领域，这往往将占用个体的家庭时间而引发工作-家庭冲突。例如营销人员在家庭中通过移动通信方式主动联系客户、科研人员在家庭中的主动创新等行为。Harrison 和 Wagner（2016）通过资源分配理论研究发现变化聚焦（variance-focused）的主动创新行为。

由于需要个体的时间投入进而引发个体的工作-家庭冲突。Lin 等（2017）在针对 103 名个体的多时点应用经验抽样法基于个体内层次的实证研究中发现，个体在工作中实施的帮助行为将消耗其个人时间而导致损失其家庭时间进而导致配偶无法在个体处获得和以往相同的情感能量。最后，对工作任务、工作角色和工作规范进行完善和优化，改变工作状态，进行常规以外的精力投资都属于主动行为的范畴。这类行为都是伴随一定风险的，很多时领导和同事会因此对行为人产生一定看法。一些主动行为有时甚至被领导认为具有"晃船"效应，因此，主动行为可能会受到领导及同事的负面反馈。因此主动行为的实施往往导致个体出现焦虑及工作压力，而工作场所压力往往会导致个体出现工作-家庭冲突（Greenhaus，1985）。Cangiano，Parker 和 Yeo（2016）针对 94 名员工样本应用经验抽样法的实证研究证实，每日主动行为将导致个体出现焦虑进而影响其幸福感。Cangiano 和 Ouyang（2017）的研究证实个体实施的主动掌控行为将直接导致其出现工作-家庭冲突。由此，提出本研究假设：

H2：主动行为与工作-家庭冲突正相关。

3.2.3 工作旺盛感在主动行为与工作-家庭增益之间的中介作用

Spreitzer 等（2005）认为，工作旺盛感指的是一种心理状态，拥有这种状态的个体能够同时具备学习和活力两种不同的元素，信息繁荣的个体能够激励个体体验工作中的进步和动力。旺盛感由活力和学习共同组成，活力指的是较强的能量感（Nix et al.，1999），能够以积极的心态投入工作（Miller and Stiver，1997）；学习指的是通过获取知识的过程，让自身的能力和信心都得到一定程度的增强（Carver，1998；Elliott and Dweck，1988）。信任尊重的氛围、广泛且畅通的信息共享渠道、自主决策，都可以被囊括在情境特征的范围之内。而积极情感资源、积极意义和知识都是通过工作能够获取到的资源（Elliott and Dweck，1988）。Spreitzer 等（2005）认为，主动行为是旺盛感的来源之一，这种行为能够对旺盛感体验进行进一步的强化，但是其作用方式存在一定差异。旺盛感的体验和主动行为的发生频率之间存在正向相关的关系，并且会形成一种良性闭环（positivespiral；Frederickson，2003）。依据自我决定理论，自主决策权将促进个体的成长和发展，因此具有自主决策性质的情境特征将激发个体通过探索、密切联系及专心工作对环境加以改进和完善，在这个过程中，个体一方面会体验到活力，而另一方面个体还将在这个过程中学习到新技能及新知识，从而提升个体的学习体验。本研究依据资源保存理及 ten Brummelhuis 和 Bakker（2012）的工作-家庭资源框架提出，主动行为将提升个体工作中的能量（工作旺盛感），而工作能量（工作旺盛感）将作为跨界资源促进个体的工作-家庭增益。

1. 主动行为与工作旺盛感

主动行为被认为是个体自发付出努力、掌控并对组织环境加以改善的工作行为（Parker and Collins，2010）。主动行为由于需要个体提前进行设想和预判，因此主动行为具有未来导向而并不是仅仅对环境的被动反应，因此，研究认为自主性动机满足、自我效能以及激活的积极情绪能够激发个体实施主动行为（Parker et al.，2010）。本研究认为，个体实施主动行为能够提升其工作旺盛感。首先，实施主动行为将提升个体的活力，这是因为成功实施主动行为的个体往往会体验到工作的胜任感，依据自我决定理论，个体胜任需要是人类的内在需要，个体通过胜任需要的满足能够帮助个体有效掌控环境。主动行为能够满足个体的胜任需要主要表现在三个方面。首先，主动行为具有一定的挑战性，实施主动行为将意味着满足内在欲望而体验到胜任感，如挑战性的工作任务将通过提升个体的对环境的掌控而体验到胜任感（Massimini and Carli，1988）。主动行为往往需要个体进行超越常规的工作描述并在缺乏明确的工作指示的情况下实施。同时，主动行为的未来导向特征意味着主动行为的结果往往具有很强的不确定性，这意味着主动行为的成功实施将能够显著提升个体的胜任感。其次，主动行为能够为个体带来更高的绩效及更好的职业发展，也能提升个体的胜任感。最后，主动行为具有很强的自发性，主动行为的实施意味着个体可以将大部分积极结果归功于其个人努力，这将给个体带来工作的胜任感。依据 Spreitzer 和 Porath（2013）提出的工作旺盛感自我决定模型，胜任感作为个体一项必要的心理需要将强化的个体的自我决定进而强化个体的工作旺盛感。Ryff（1989）认为，个体对于环境的掌控家更有利于个体的健康并提升其健康水平。依据资源保存理论，员工获得关系性能量之后，会利用这些资源为自己争取到更多收益，在此过程中他们的行为都具有主动性，其目的是让资源的价值得到最大限度的体现（Hobfoll，2001）。能量作为资源的一种能够对个体动机和行动力进行进一步的强化，为了让能量的价值在工作过程中得到充分的发挥，个体必须要采取主动行为。主动行为具有两种属性，一是积极性，二是自发性（Frese et al.，1996），Spreitzer 等（2005）提出的工作旺盛感社会嵌入模型和 Spreitzer

和 Porath（2014）创造的工作中个人成长整合模型可以证明，具体工作资源情境特征以及情境触发因素都能够引发工作旺盛感。同时个体的心理需求状况，也能够对工作旺盛感产生一定的作用。现有大部分研究证实工作情境及工作资源是工作旺盛感的前因变量（Porath et al.，2008；Carmeli 和Spreitzer，2009；Li et al.，2016；Walumbwa et al.，2016），但主动行为对工作旺盛感的积极影响在部分研究中已经得到部分验证，例如 Jiang（2017）在对364名中国员工的研究中证实了主动性人格能够提升个体的工作旺盛感。Angela 等（2018）的研究证实了工作场所中主动掌控行为能够引发个体的工作旺盛感。

2. 工作旺盛感与工作-家庭增益

ten Brummelhuis 和 Bakker（2012）在资源保存理论的基础上，完成了工作-家庭界面资源模型的构建工作。资源能够促进个体的工作-家庭增益并缓解其工作-家庭冲突。依据其提出的资源框架，基于资源保存理论将资源进行了分类。其中第一个维度划分为情景资源及个体资源，情景资源包括婚姻、雇佣关系、家庭及社会网络中提供的社会支持；个体资源则包括个体的特质及能量，例如技能、知识、经验、心理能量、时间、健康等。情景资源往往能够帮助个体达成其个人目的。第二维度则基于资源的可转化的程度将资源划分为结构性资源及易变性资源。结构性资源具有较强的稳固性，不会随时间的变化而变化，包括婚姻、雇佣关系、家庭及社会网络提供的社会支持，个体的技能、知识、经验、人格特质及健康水平；易变性资源包括个体的情感、情绪、心理能量、认知能量、注意力及时间等。Voydanoff（2004）提出了工作-家庭领域跨域资源（boundary spanning resources）的概念，他认为跨域资源对工作和家庭领域同时产生影响。工作旺盛感是员工个体关于工作活力和学习能力的一种内在的且可以变化的心理状态（Spreitzer，2005），繁荣能用来形容个体的状态和变化历程，它并非完全静止不变的。通过工作旺盛感的社会嵌入框架能够看出，要素能够直接具象出个体在特定组织情景下激发的情感及认知体验，它反映了个体在利用组织资源后实施主动性工作行为（任务聚焦、主动探索、注意相关）的激活程度。在积极组织行为理论的基础上，积极状态会从个体的行为中体现出来，他会通过主动性行为利用环境资源对其所处的情境进行改造。这类资源能够让家庭和工作之间的互动向着积极的方向发展。因此可以推断，体验到工作旺盛感的可以将促进其工作-家庭增益，当员工处于个体繁荣状态，他的学习意识和学习行为必然已经达到了一定标准。学习会给他带来收益，个体的繁荣和整体活力水平之间存在正向相关的关系。处于这一状态的个体会更加富有激情，自信心也更强。工作旺盛感对工作-家庭增益的积极作用在研究中已得到部分得到证实，Porath 等（2011）将 EMBA 学员的日常生活作为研究对象，使用工作旺盛感量表对其进行评测。评测结果在一定程度上证实了工作旺盛感对工作-家庭界面的溢出效应。最终结果显示，工作的旺盛感和生活的旺盛感之间存在一定的联系，且二者正向相关。拥有工作旺盛感的人不会对其亲属友人产生负面影响，有时他们还会将这种积极的情绪带入日常的家庭生活中。如果在家庭生活过程中产生了旺盛感，那么这种积极情绪也会对其工作绩效产生一定的积极作用。有研究者已经通过实证研究的方法证实了工作-家庭争议与工作旺盛感之间的积极相关关系。例如 Russ 等（2015）在针对意大利与中国的研究样本进行研究时指出，家庭支持型主管行为可以通过心理可用性和工作-家庭增益促进工作旺盛感。而 Carmeli 和 Russo（2015）提出，个体微情绪是通过培养一个高层次的积极关系进而促进工作-家庭增益和最终实现个体繁荣的。

3. 工作旺盛感的中介作用

工作旺盛感的社会嵌入模型是 Spreitzer 等（2005）创建的，Spreitzer 和 Porath（2013）则完成了工作旺盛感自我决定论的模型建构工作，工作旺盛感在工作情境与积极结果之间的起中介作用，特别是在工作旺盛感的社会嵌入模型中，当工作环境处于较为稳定的状态，而资源活跃度较高的时候，可以通过工作情境对主动性行为进行塑造。在实际工作过程中，兼具积极性和目的性的行为就是主动性行为，它是工作旺盛感出现的前提之一，还能够促进个体发展和身心健康。本研究提出主动行为能激发个体的工作旺盛感，其有益于推动工作-家庭增益，它在主动行为与工作-家庭增益之间起中介桥梁作用。在资源保存理论的框架内，员工在获得关系型能量之后，就等于获得了资源的掌控权，他会以此为踏板为自己谋取更多的利益，在此过程中其工作旺盛感将会得到进一步的开发。这种心理状态反映了个体在特定组织情境下激发的情感及认知体验，它反映了个体在利用组织资源后实施主动性工作行为（任务聚焦、主动探索、注意相关）的激活程度。依据积极组织行为理论，内在的积极状态会促使个体主动利用环境资源对其所属的情境进行改造，同时这些资源依然能够在一定程度上缓解工作家庭之间的矛盾。所以，个体的主动性能够释放是其在工作过程中积累的活力和积极学习产生的效果，这种朝气蓬勃及活力焕发的积极状态将被带到家庭生活之中，进而引发主动行为对工作-家庭界面的积极溢出效应，即工作-家庭界面增益。基于以上分析，提出以下相关研究假设：

H3a：主动行为与工作旺盛感呈正相关关系。

H3b：工作旺盛感与工作-家庭增益呈正相关关系。

H3：工作旺盛感在主动行为与工作-家庭增益之间起中介作用。

3.2.4　时间压力在主动行为与工作-家庭冲突之间的中介作用

时间压力描述了一种个体对拥有的时间不足甚至匮乏的主观感知现象，即主要是个体的时间不足以让其完成其想要完成的活动计划（Szollos，2009）。Drach-Zahavy 和 Freund（2007）认为，站在社会角色的角度看，时间压力指的是个体已经意识到其承担的任务，已经超过其所能承载的极限，拥有的时间资源无法支撑其完成这些任务，即表现为一种"角色过载"。工作时间能够对工作-家庭冲突进行一定的预测，其存在本身就是引发工作-家庭冲突的重要因素，如果在工作上投入了更多的时间，那么就必然要减少在家庭方面的投入。Greenhaus 和 Beutell 将角色理论作为切入点，他们认为，工作和家庭之所以会发生冲突，是因为二者对于个体决策的要求存在一部分不能相容的部分。个体的精力和时间都是相对有限的，分配过程中很难让工作和家庭需求都得到充分满足。这也是工作时间导致工作-家庭冲突的主要原因。Grant 和 Ashford（2008）认为，主动行为是个体实施的对自身或环境产生影响的预期行为过程，这个过程包含预期、计划、实施影响三个阶段。而 Bindl 和 Parker（2009）在自我调节理论的框架内,将主动行为定义为一种目标导向过程,由目标设定和目标达成两个部分组成。目标设想、计划制定、行为实施和结果反馈则是其划分出来的四个环节。主动行为的实施由于往往需要个体深思熟虑并谨慎谋划,因此需要个体额外付出工作时间及精力,这将使个体在完成本职工作的基础上延长工作时间而造成角色超载,进而引发个体工作-家庭冲突。

1. 主动行为与时间压力

主动行为指的是个体试图通过自身行为,对其自身以及其周围环境进行改造的过程,它由预期、计划和实施影响三个阶段共同组成的(Grant and Ashford,2008)。而 Bindl 和 Parker(2009)也基于自我调节理论认为,主动行为是一种目标导向过程,包含目标设定及目标达成两个阶段。Parker 和 Collins(2010)认为,激发性、变革性和未来导向是主动行为所具有的固有属性。与个体的适应性行为不同的是,主动行为需要个体在实施之前进行谋划并深思熟虑。例如在工作场所中的主动创新或主动建言行为,这些行为需要个体谨慎筹划并深思熟虑,这样才能达成预期效果。依据资源保存理论,时间是个体工作中宝贵的资源,主动行为的未来导向特征决定了个体实施主动行为需要其设定目标、执行目标并反馈目标等诸多阶段,这将消耗其时间资源(Frese and Zapf,1994)。时间压力本身就是一种主观感知现象,它代表个体所能够支配的时间以及其所需要时间之间存在的矛盾。但在员工经常面临"时间紧、任务重"的困境下,个体在工作场所的可支配工作时间往往是有限的,因此实施主动行为将导致个体可以支配的工作时间变少,即其承担的任务已经超出其能力和时间范畴,这种情况也可以被称为"角色过载",指对某一领域角色的时间投入超过必要限度。这种做法会阻碍其他领域中角色的实现,Bolino 和 Turnley(2005)发现,个体主动行为与其角色超载呈显著正相关。Fay 和 Hüttges(2016)通过 72 个研究样本连续 3 天的研究发现,由于主动行为消耗了工作中的宝贵时间,因此主动行为的实施将导致个体角色超载进而引发在工作结束时候的疲劳。由此可以看出,个体实施主动行为将导致其时间缺乏或(时间贫穷),最终导致个体感知到时间不足带来的压力。由此,主动行为将给个体带来时间压力。

2. 时间压力与工作-家庭冲突

Greenhaus 和 Beutell 将角色理论作为切入点，构建了工作-家庭冲突的理论架构，并将工作-家庭冲突定义为由于工作和家庭对个体角色要求的不可调和与矛盾造成两者之间的冲突。之所以会发生工作-家庭冲突，很大程度上是因为工作需求和家庭需求都对个体的时间和精力提出了要求，但是个体的时间精力较为有限，必须要在工作和家庭之中做出抉择。基于时间的冲突指的是为了某一领域角色的任务，在其身上投入了超过一定限度的时间却因此而占据了本应投入于另一个领域的时间，从而影响了该领域中角色任务的完成。工作时间是家庭冲突爆发的重要导火索，国内外的研究数据显示，工作时间和工作-家庭冲突之间存在着正向相关的关系。Spector 等（2004）进行的跨文化的研究结果显示，工作时间和工作家庭之间的冲突是否存在，主要取决于其家庭和工作单位所在的位置，这种情况在中国和拉丁美洲并不常见，但是在欧美国家比较普遍。Höge（2009）基于角色理论研究分析发现，时间压力损害身心健康并揭示出其内在机制，时间压力会导致家庭冲突爆发，致使个体的身心健康出现问题。角色理论认为，时间压力给工作家庭带来的冲突，主要体现在压力、时间和行为三个方面，其存在已经对个体的身体健康和心理状况造成了一定程度的损害。工作-家庭冲突以一种中间机制的状态存在着。国内的研究中，魏玲（2010）、陈长蓉（2012）等分别以医生和护士为样本，发现工作时间对工作-家庭冲突具有正向影响。金家飞等（2014）的研究证实工作时间对个体的工作-家庭冲突有显著正向影响。周路路和赵曙明（2010）基于资源稀缺理论证实时间要求会抑制个体的工作-家庭增益。基于以上分析，可以看出当个体将部分时间分配于工作场所中，将导致个体在家庭中分配的时间和精力减少，个体将没有充裕的时间思考并有效完成家庭角色。因此，时间压力将增加个体的工作-家庭冲突。

3. 时间压力在主动行为与工作-家庭冲突之间的中介作用

时间压力指的是个体的时间不足以支撑其完成预定的行为计划（Szollos，2009）；时间充裕是时间压力的反义词，它指的是个体有充足的时间完成自己的行为计划，且可以保持相对悠闲的状态（Kasser and

Sheldon，2009）。本研究认为时间压力将在主动行为与工作–家庭冲突之间起中介桥梁作用，即主动行为将通过增加个体的时间压力进而引发个体工作–家庭冲突。依据自我损耗理论及资源保存理论，主动行为作为一种自我调节活动需要某种能量的参与，即主动行为的实施将消耗个体的有限资源（时间、心理能量及精力），而资源的匮乏将影响个体家庭角色中资源的投入。因此，当个体由于实施主动行为消耗或延长个体的工作时间，甚至个体在家庭中仍对主动行为的实施进行构思（例如个体创新、建言等行为），这些都将对个体对家庭角色的时间投入产生消极影响，进而导致其工作角色与家庭角色的双向冲突。基于以上分析，提出本研究相关假设：

H4a：主动行为与时间压力呈显著正相关关系。

H4b：时间压力与工作–家庭冲突呈显著正相关关系。

H4：时间压力在主动行为与工作–家庭冲突之间起中介作用。

3.2.5 职场焦虑在主动行为与工作家庭–冲突之间的中介作用

Cheng 和 McCarthy（2018）将情景型职场焦虑界定为工作中体验到的紧张、不安的一种短暂的情绪状态。本研究认为，主动行为将引发个体职场焦虑，而职场焦虑这种不安感受将最终引发个体的工作–家庭冲突。主动行为由于具有变革型特征有可能遭到领导及同事的反对，有时甚至被同事认为是"多管闲事"，这注定了主动行为的实施具有一定的风险，这种不确定性将可能引发个体的紧张或焦虑情绪，这种情绪带来的一种角色压力将阻碍另一种角色需求的达成与实现，也就是说，主动行为引发的焦虑情绪将导致工作–家庭冲突。

1. 主动行为与职场焦虑

Parker 等（2010）提出，主动行为具有的前瞻性、不确定性、变革性等特征将导致个体在实施主动行为时具有一定的风险性。例如主动行为的实施通常意味着改变现有工作流程、工作方式或工作方法，这种行为方式有时不一定为领导及同事所接受，甚至会遭到排斥，因此主动行为的实施具有一定的风险性。Frese 和 Fay（2001）的研究也提出，主动行为往往会遭遇领导及同事的反对而无法继续。由此，追求主动性目标往往具有一定的风险性。以往的研究证实，组织信任能够赋予个体实施主动行为的信心进而激发其实施主动行为。主动行为的未来导向对个体来说意味着实施主动行为的结果是未知的，虽然这对于个体来说具有一定的挑战性，但也将给个体带来职业焦虑。特别是对于个体来说，部分主动行为需要个体在角色外实施，这也将导致个体体验到工作中的焦虑。主动行为与职业焦虑相关研究较少，但Cangiano等（2016）通过日常生活经验法对94名员工为期5天的研究发现，主动行为的实施能够显著正向影响个体焦虑。

2. 职场焦虑与工作-家庭冲突

Greenhaus（1989）认为，愤怒、焦虑、冷漠等情绪，很有可能是压力的冲突所引发的，它们之所以会出现就是因为角色压力对个体的心理与身体造成的影响，阻碍另一种角色需求的达成与实现，最终将引发工作-家庭冲突。相反，如果在工作场所中收获的积极情绪的体验传递给家庭领域，则能促进家庭角色的完成进而实现工作-家庭增益。例如个体因为在工作过程中得到了上级管理人员的认可而感到非常开心，其积极的心态会一直持续其到回到家中。在这种情况下，他与家人之间的沟通必然会更加顺畅。但如果个体在工作场所中感到压力、紧张及不安等焦虑情绪，这种情绪也会被其带入家庭角色中，从而影响家庭角色的有效完成。由此，职场焦虑将直接导致个体的工作-家庭冲突。基于资源保存理论，焦虑将导致个体宝贵的资源损失带来的情绪耗竭，如果个体资源得不到补充，那么个体在另一个领域中角色资源显得匮乏，最终会影响另一个领域角色的完成。在本研究中，若个体在当个工作日内体验到工作焦虑，这种焦虑情绪一方面很容易被其带入家庭角色从而影响家庭角色完成或家庭成员关系，另一方面，焦虑情绪引发的情绪耗竭也将影响其家庭角色资源的获得，最终导致工作日结束在家庭中体验到的工作-家庭冲突。Williams和Alliger（1994）通过对41名夫妇的每日研究发现，相对于积极情绪，工作中的消极情绪更容易溢出到家庭领域中进而导致工作-家庭冲突。Michel等（2011）通过元分析发现，具有压力、焦虑及不满等负向情感对个体的工作-家庭冲突有显著正向影响。Nohe等（2014）通过元分析发现，带有焦虑特征的工作压力能够显著预测工作-家庭冲突。Frone（2000）的研究证实，工作-家庭冲突与焦虑显著正相关。

3. 职场焦虑的中介作用

资源保护理论（Hobfoll，1989）认为，个体拥有有限的资源储备，如能量和专注力，而这些资源会随着使用而耗尽。资源保存理论的一个关键命题是对资源消耗的长期关注，如果资源长时间未得到补充，就会导致慢性症状，如情绪衰竭（Maslach and Leiter，2008）。主动行为作为一种自我调节行为（Parker et al.，2010），需要个体付出宝贵的心理资源，如果心理资源得不到补充，个体就会出现自我耗竭现象（Baumeister et al.，1998）。主动行为具有一定的风险性，很容易被领导和同事拒绝进而引发个体紧张及不安的感受，从而引发其心理焦虑，而心理焦虑导致的情绪耗竭将影响其家庭角色的完成，最终导致工作-家庭冲突。基于以上分析，提出本研究相关假设：

H5a：主动行为与职场焦虑呈显著正相关关系。

H5b：职场焦虑与工作-家庭冲突呈显著正相关关系。

H5：职场焦虑在主动行为与工作-家庭冲突之间起中介作用。

3.2.6　高质量联结在主动行为与工作旺盛感之间的调节作用

主动行为作为一种情景行为具有一定的适应条件和边界条件，对主动行为有效性的研究逐渐成为主动行为研究领域的热点。这是因为从主动行为的内在特征来看，在组织情景中，主动行为的实施具有一定的风险性，这种风险主要源自主动行为的实施往往会超越职位或角色边界，主动行为的这种职位以及角色"越位"可能会遭到同事的反对而无法有效实施（Frese et al.，2007；Morrison and Phelps，1999），因此在能够获取到领导和同事支持的情景下，主动行为将取得领导及同事的认同并获得积极结果。相反，如果缺乏领导及同事的支持，主动行为往往会被曲解并认为是"出风头"的表现，进而无法取得积极结果。研究证实情景是主动行为有效性的重要因素，例如Grant等（2009）的研究发现，主动行为例如建言行为、掌控行为及帮助行为是否会得到领导较高的绩效评价取决于个体在实施主动行为时是否展现了亲社会动机及较低的消极情绪，否则主动行为将被领导误解。Fuller等（2015）的研究发现，领导的建设性变革责任正向调节下属主动行为与领导评定绩效之间的关系，也就是说只有当下属面对的是具有建设性变革责任的领导时，其主动行为才能够被领导认可并接受。Glaser等（2015）的研究发现，主动行为是否对工作绩效有积极的影响取决于个体的风险偏好、直接上司的工作自主性及组织的绩效考核情景。Sun和van Emmerik（2014）针对225名员工及其75名直接上司的研究发现，政治技能调节主动行为人格与直接上司评定绩效之间的关系，那些高政治技能的主动性个体能更有效地利用情景并规避主动行为的风险，最终得到领导的认可。本研究提出高质量联结正向调节主动行为与工作旺盛感之间的关系，即当个体感知到较高的高质量联结时，主动行为将更有利于激发其工作旺盛感，相反，当个体感知的高质量联结较低时，主动行为与工作旺盛感之间的关系将被弱化。Stephens等（2011）将组织中的高质量联结定义为期限较短的互动关系，且这种互动关系较为积极。参与互动的两个个体能够在交往过程中迸发出活力，对彼此进行照顾并相互交融。Dutton（2014）认为，高质量的联结将会成为互动双方的活力来源，也是他们不断前进的助力，还会赋予他们不断前进的积极信念。主动行为的实施往往需要挑战现状，并对已有的工作协议、工作方法及工作流程做出改变，但如果在工作中缺乏同事的支持和配合将很难实现主动行为的有效性，特别是现代工作对于合作和协调的依赖度处于逐渐提升的状态。在这种情况下，高质量联结指的是短期工作合作关系。短期关系的状况好坏往往能赋予个体实施主动行为的安全感进而降低主动行为的风险。研究证实，高质量联结能够促进个体工作投入，例如Heaphy和Dutton（2008）认为，高质量联结能够对个人的生理状态产生积极的影响，使个体以更加健康的状态完成工作任务。高质量联结还能促进个体学习，高质量联结能够让人们的注意力范围得到进一步的拓宽，接触到更为广博的知识，激发人们的探索欲和学习欲（Brøndbo和Aarrestad，2014）。Dutton和Heaphy（2003）认为，高质量联结之所以能够作用于学习行为，主要有以下两个原因。一是该联结本身就有利于知识的传播。在其框架中，知识的传播和接收速度都会有所增加，同时其传播效果和信息完整度也相对较好。二是因为知识的传递本身就依赖于不同主体之间的互动，高质量联结的存在会使互动变得更加张弛有度，且极富建设性，从而降低了行为主体学习的难度。同时，因为心理层面的安全感得到了进一步的强化，使其具备了对学习行为的预测功能。基于此，本研究认为高质量联结能强化主动行为与个体工作旺盛感之间的关系，并提出假设：

H6：高质量联结在主动行为与工作旺盛感之间存在正向相关的关系，前者处于良好状态时，后者的影响力也处于较高水平，当高质量联结较低时，主动行为与工作旺盛感之间影响较弱。

3.2.7 高质量联结在主动行为与焦虑之间的调节作用

本研究提出高质量联结能够缓解主动行为给个体带来的焦虑体验，这是源于高质量联结对个体心理健康的积极作用，高质量联结者往往能感受到的来自他人的关爱、尊重与照顾、相互交融，让双方都能够在短期关系中获得活力，个体之间发生的矛盾和冲突要尽快消除，将真实的感情作为双方的连接纽带。高质量联结对于人体免疫系统确实有一定益处，它能够在降低血压的同时，缓解精神层面的压力。从短期来看，高质量联结具有即刻增强人体活力、使其保持健康的功能。当个体处于高质量联结环境下时，其释放的激素能够在提升亲和度的同时，帮助其缓解焦虑。如果个体处于高压状态，它还能够协助其释放一种肽类化合物，通过诱发一系列生理反应，帮助交互关系的参与者舒缓紧张情绪（Dutton and Heaphy，2003）。由此，当个体体验到工作中较高的高质量联结时，个体由于实施主动行为而遭到周围同事的反对的可能性将降低，个体实施主动行为并不会因为主动行为的未知结果而感到不安或焦虑。由此，高质量联结将缓解个体实施主动行为带来的焦虑感。基于资源保存理论，虽然主动行为作为一种自我调节行为（Parker et al.，2010），需要个体付出宝贵的心理资源，如果心理资源得不到补充，个体就会出现自我耗竭现象（Baumeister et al.，1998），但人际互动产生的关系能量作为资源的一种，需要通过社交感染的方式获得补充（Owens et al.，2016）。Dutton（2014）提出，在实际工作过程中出现的暂时性互动，其作用类似于维生素，能够确保个体不出现能量缺口。因此可以看出，高质量联结将作为关系能量补充主动行为导致的个体能量损失。基于以上分析提出以下假设：

H7：高质量联结在主动行为与职场焦虑之间起负向调节作用。当高质量联结较高时，主动行为对职场焦虑的影响较弱，当高质量联结较低时，主动行为对职场焦虑的影响较强。

3.2.8　高质量联结在主动行为与时间压力之间的调节作用

本研究提出高质量联结能够缓解主动行为带给个体的时间压力。主动行为需要个体在实施前进行谋划并深思熟虑。例如在工作场所中的主动创新或主动建言行为，这些行为需要个体谨慎筹划并深思熟虑，这样才能达成预期效果。因此，主动行为的未来导向特征决定了个体实施主动行为需要经过设定目标、执行目标并反馈目标等诸多阶段，这将消耗其时间资源（Frese and Zapf，1994）。高质量联结的人际互动会成为参与主体的活力来源，让他们拥有更加坚定的行动意志和更加强大的勇气。因此，主动行为的实施虽然可能需要个体提前筹划并可能改变工作流程或工作方法，但高质量联结带来的人与人之间的临时合作及迅速协调，将使得主动行为的实施更为便利，促进主动行为人高效地完成任务。Collins（2006）认为，人们对于工作的观感很大程度上取决于其工作伙伴。高质量联结能够改善组织管理过程（organizational process），如协调（coordination）（Gittell，2003；Carmeli and Gittell，2009）和错误检测（error detection）（Weick and Roberts，1993），进而提升组织效率与效果。Carmeli 等（2015）用实验证实，尊重性交往对于关系信息进程具有一定的推动作用，员工要对自己的履职状态进行反思和沟通，然后在此基础上让团队的创新能力得到进一步的增强。因此，当个体处于高质量联结氛围的人际关系情景中时，主动行为往往会得到组织成员的理解和支持，并不用担心主动行为对周遭人带来的影响。即在高质量联结情景下，主动行为带给个体的时间压力将得到一定程度上的缓解。基于此，提出以下假设：

H8：高质量联结在主动行为与时间压力之间起负向调节作用。当高质量联结较高时，主动行为对时间压力的影响较弱；当高质量联结较低时，主动行为对时间压力的影响较强。

研究理论模型如图 3-2 所示。

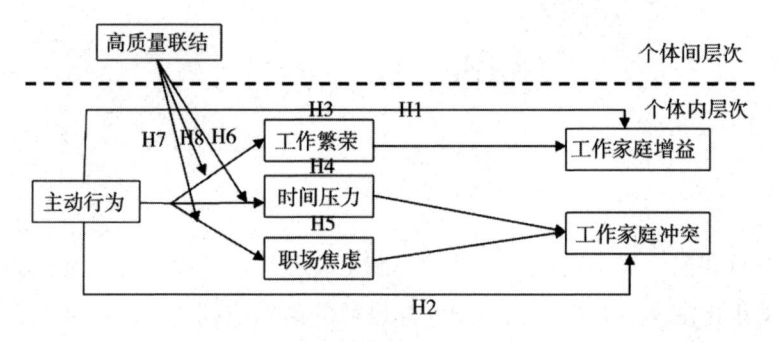

图 3-2 理论模型图

第4章　研究设计

本章在前文提出的理论模型的基础上，首先，对核心变量进行具体清晰的操作化定义。其次，在遵循问卷设计的基本原则和过程的基础上设计与编制初始测量问卷。最后，采纳相关专业学者和被调查者的建议，对于问卷的内容和布局排版进行调整，然后在此基础之上完成调查问卷的拟定工作。本研究中实地调查研究顺利开展需要进行有效的问卷调研，为保证研究的严谨性，遵循一定的原则和步骤并通过相关测量题项进行收集、分析，在此基础上分析相关变量之间的定量关系，最终深入揭示核心变量间的作用机制。

4.1　变量操作性定义

4.1.1　主动行为

本研究借鉴 Bindl 和 Parker（2010）的研究将主动行为（proactivity）定义为：组织情景中个体为达成自我设定的变革性目标（改变外界环境/改变自身）而努力改变或控制自己的认知、情绪及行为的过程。包含目标设定、计划制订、行为实施及结果反馈四个维度。其中，目标设定是个体在感知外界环境的基础上自发设定目标；计划制订是个体针对目标制定相应的行动策略与方案；行为实施是个体为达成主动性目标而实施的行为；结果反馈是个体对主动行为实施过程进行评价和判断进而对后续行为产生的影响。

4.1.2 工作−家庭冲突

工作−家庭冲突借鉴 Greenhaus 和 Beutell（1985）的定义，这是决策冲突的一种形式，它的出现主要是因为个体的实际情况无法让工作领域的决策需求和家庭领域的决策需求都得到满足。在承担一方责任的同时，另一方就必然会有所缺失。这类是一种角色间冲突。工作−家庭冲突包括工作干涉家庭和家庭干涉工作的双向对偶模式（Gutek et al.，1991）。

4.1.3 工作−家庭增益

工作−家庭增益借鉴 Wayne 等（2004）的定义，指的是个体通过决策活动获取一定资源，然后将资源投入其他角色活动产生效能的过程。

4.1.4 工作旺盛感

工作旺盛感采用 Spreitzer 等（2005）发布的早期概念，即个体在工作过程中能够同时感受到活力和学习的心理状态。活力和学习是该种心理状态必须具备的两种维度，前者主要是能量和工作热情，后者指的是通过知识的积累自己的能力和自信心进行进一步的强化（Carver，1998；Elliott and Dweck，1988）。

4.1.5 时间压力

时间压力采用 Drach-Zahavy 和 Freund（2007）的定义，从社会角度看，时间压力指的是某个角色所承担的义务责任已经超过必要限度，它是角色过载的一种表现。

4.1.6 职场焦虑

职场焦虑采用 Cheng 和 McCarthy（2018）的定义，即个体在工作场所中体验到紧张、不安的一种短暂的情绪状态。

4.1.7 高质量联结

高质量联结的界定源自 Stephens 等（2011）的研究，其具体概念是指工作过程中出现的一种较为积极的互动关系，这种互动关系持续时间相对较短。联结存续期间，参与互动的双方都能够将其作为活力来源，连接力、关系张力和高情感承载力是其主要特征。有些学者认为它并不会长期存在，其出现也具有一定的偶然性。但其重点并非在于关系，而是在于连接。

4.2 问卷设计

为确保问卷调查过程的严谨性，调查问卷的设计须基于理论假设，同时也要基于被访者的知识背景，并保证问题的完备性、互斥性及能够被正确理解。只有这样才能得出相对满意的研究结果。杨国枢和文崇（2006）认为，最终的问卷设计成果必须符合以下标准：一是词句的表达要尽可能的清晰明了，避免出现言语模糊的情况；二是论述语句不能出现倾向性，不能对被调查者进行任何诱导，不能带有倾向性，避免激发答卷者为满足社会期望值而答题的动机；三是基于研究目的设计题项，使问卷内容符合研究情境和假设模型；四是内容应该具体且易于理解，不要使用过于理论化的语句；五是确保问题的完整性；六是关注指导语的内容，向被访者说明研究目的并做出保密承诺，研究人员对答卷者的承诺（如结果与答卷者分享并对调研数据保密），研究人员的联系方式以及对答卷者的感激等。若量表是对国外研究量表的翻译，应该保证翻译质量，确保量表的实用性和可行性。

4.2.1 问卷设计过程

本研究基于上述原则设计相关调查问卷，具体步骤如下。

首先，根据本书的研究目的对本书涉及的核心变量进行回顾和整理，由此基于本书的研究需要对变量进行操作性定义并建立变量之间的逻辑关系。在梳理相关核心变量文献过程中，收集和整理那些已经被验证且具有较高信度和效度的成熟国外量表（谢家琳，2008）。

其次，通过英汉对译，产生中文版本的测量条款。不同的文化、语言背景可能导致测量量表存在跨文化差异，为避免不恰当翻译导致对原量表的曲解和歪曲，在研究过程中，可以采用对译的方式还原测量题项在不同情景下的真实表达。首先，在本研究中，工作-家庭冲突、工作-家庭增益、主动行为、旺盛感、职场焦虑、时间压力以及高质量联结等7个量表均是借鉴国外学者开发的成熟量表，为确保严谨性，具体的设置方式如下。第一，英文量表的翻译工作由组织行为专业或工商管理专业的博士生负责。在翻译结束之后还需要对量表的内容进行审核和探讨，确保其精准、简明、易懂，符合中国人的思维习惯和表达习惯。第二，要求英语专业的博士生将中文问卷再次翻译为英文，与原有的英文量表进行比对，对于差异过大的题目进行调整，确保中文版的量表内容和最初的英文版保持相对一致，直至能够正确反映原版量表的测量意图。

再次，通过讨论及访谈优化初始问卷。在对量表进行有效翻译的基础上通过与企业内部人员及专家进行讨论，将调查问卷的页面布局、导语题目、内容以及结构作为切入点进行分析和研究。在小范围内邀请该领域的专家学者以及博士研究生就相关问题进行深入的探讨。根据问卷的题目内容以及其所设置的情景，对于潜在的调查对象开展访谈，访谈的对象可以是企业员工、管理人员或者MBA学员。整体规模要有所限制，同时还要判断问卷的整体内容和布局是否具备合理性。在讨论和访谈结果的基础上，结合专家、企业管理者及员工的意见，对问卷进行进一步补充和完善，最终形成研究调研问卷。

4.2.2 社会称许性偏差控制

使用自陈式报告形式的调查问卷进行测量会受到社会称许性偏差（social desirability bias）的干扰（Arnold and Feldman，1981）。社会称许性偏差即个体为维护自己良好的形象而出于印象管理的动机或免于批评、责罚或尴尬而表现出积极自我评价或自我描述，这种迎合社会期许及他人期望的回答往往会对数据的准确性造成负面影响（Ganster et al., 1983）。在中国，社会禁忌、社会规范、人际压力、面子等敏感问题更容易促使社会称许性偏差问题的出现（Pauthus, 1984；荣泰生，2005）。为防止社会称许性偏差对本研究造成的干扰，笔者做了以下相关处理：一是问卷尽量采用客观、中性的表达方式；二是问卷发放程序中强调问卷的匿名性和学术性，做好问卷的保密回收工作，降低被试者的戒备心理。

4.2.3 共同方法偏差处理

在实际研究中，若测量环境及语境和数据来源都相对趋同的情况下，有一定概率会发生测量变量与效标变量的人为共变，这种人为导致的共变被称作共同方法偏差（cornmon method biases）。共同方法偏差是系统性误差的一种类型，在行为科学研究领域的存在具有一定的普遍性（Podsakoff et al., 2003）。对于共同方法偏差对本研究造成的消极影响，笔者基于周浩和龙立荣（2004，2008）对共同方法偏差的程序控制和统计控制的观点，在程序控制方面进行了以下相关处理。一是在基于严谨理论构思及对国外成熟量表借鉴的基础上，控制情景诱发的社会称许性偏差，客观阐述问卷语言，避免主观态度倾向流露。二是对测量题目和问卷题目的安排做到由浅至深，对于为敏感的题目要将其位置后移。在问卷和量表内设置反向问题，以便确定数据的真实性。三是测量过程中做到时间、空间、方法、心理及方法上的分离，消除被试者的戒备心理，赢得被试者对研究的理解和支持并做好问卷结果的保密工作。

4.3 相关变量测量

根据相关文献及理论对工作-家庭冲突、工作-家庭增益、主动行为、工作旺盛感、职场焦虑、时间压力以及高质量联结进行定义，搜集与研究主题相关的成熟量表和测量问卷，要收集的范围并不仅局限在国内。在实际测量过程中使用Likert 5级计分法。其中1、2、3、4、5个数字分别代表非常不符合、不符合、不确定、符合和非常符合。

4.3.1 每日主动性测量量表

本研究根据对主动行为的界定而选取 Griffin 等（2007）编制的针对个体主动性的测量量表。该量表共 3 个题项，5 天内内部一致性系数在 0.78～0.89 之间。主动行为测量量表如表 4-1 所示。

表 4-1　主动性测量量表

编号	题项
PB1	工作中，我会主动以更好的方式完成工作
PB2	工作中，我会主动想出一些新点子以提高工作效率
PB3	工作中，我会主动尝试改变完成核心任务的工作方式

4.3.2 每日工作旺盛感测量量表

工作旺盛感测量采用 Porath 等（2011）开发的工作旺盛感量表，该量表的初始项目由正向和负向共同组成，总数为 24 项。大部分内容都由作者独立编写，只有一部分问题来自 Ryan 和 Frederick（1997）。经过 Porath 等的修订，量表最终的项目由 5 个活力项和 5 个学习项共同组成，其中前者的相关系数为 0.40～0.77，后者的相关系数为 0.54～0.78。测量对象由两部分人员共同组成，他们分别是 400 名专业人员和 175 名成年人。0.92 和 0.88 是该量表内部一致性系数的数值。从验证性因子分析的结果中可以看出，二维的工作旺盛感量表在结构拟合度方面具有一定优势，该量表的拟合指数也比单维度结构量表更为优越。以下是样本的具体拟合指数：χ^2/df =1.99；CFI= 0.98；RFI= 0.96；RMSEA= 0.09；χ^2/df=3.60；CFI= 0.97；RFI= 0.94；RMSEA= 0.15。此外，工作旺盛感量表在区分效度和构念效度方面也表现得比较出色，在对数据样本进行测量的过程中，二维度结构也得到了进一步的验证。宋照礼（2001）认为，测量过程中引入的题项应该选择因子载荷最高的。该变量测量 5 天内的内部一致性 Cronbach's α 系数为 0.72～0.89。工作旺盛感测量量表如表 4-2 所示。

表 4-2　工作旺盛感测量量表

测量维度	编号	题项
学习维度	TH1	今天，我发现我能在工作中学到新东西
	TH2	今天，随着时间推移，我发现我在工作中学习到更多东西
活力维度	TH6	今天，我感觉工作中自己充满活力
	TH7	今天，我感觉工作中自己精力充沛

4.3.3　每日职场焦虑测量量表

职场焦虑量表采用 Warr（1990）关于工作相关情绪幸福感的测量量表中的两个题项，如表 4-3 所示，该变量测量 5 天内的内部一致性 Cronbach's α 系数为 0.81~0.90。

表 4-3　职场焦虑测量量表

编号	题项
CA1	此刻，我感到焦虑
CA2	此刻，我在工作中感到非常担心

4.3.4　每日时间压力测量量表

本研究按照 Semmer 等（1999）编制的针对时间压力的测量量表，主观负荷代指事件压力，由两项内容构成量表，具体内容如表 4-4 所示，该变量测量 5 天内的内部一致性系数 Cronbach's α 数值区间为 0.77~0.86。

表 4-4　时间压力测量量表

编号	题项
TP1	今天工作中，我必须赶时间才能完成工作任务
TP2	今天的工作时间压力很大

4.3.5　每日工作-家庭增益测量量表

每日工作-家庭增益的测量采用 Wayne 等（2004）开发的关于工作-家庭增益测量问卷，内容在表 4-5 中有所体现，其中关于家庭增益和家庭-工作增益的题目数量都是 9。笔者针对每日测量对该量表进行了调整，该问卷 5 天内内部一致性系数 Cronbach's α 数值区间为 0.75 ~ 0.90。

表4-5 工作–家庭增益测量量表

测量维度	编号	题项
工作家庭增益	WFE1	今天，工作的好心情让我在家里也很高兴
	WFE2	今天，我的工作让我在家里的态度也变得积极
	WFE3	今天，当我离开公司回到家后也感觉不错

4.3.6 每日工作–家庭冲突测量量表

每日工作–家庭冲突测量采用 Netemeyer 等（1996）编制的工作–家庭冲突量表，笔者针对每日测量对该量表进行了调整，如表 4-6 所示，5 天内其内部一致性系数 Cronbach's α 数值区间为 0.67 ~ 0.91。

表4-6 工作–家庭冲突测量量表

编号	题项
WFC1	今天，工作的事情干扰了我的家庭生活
WFC2	今天，我在工作上花费了太多的时间，导致无法完成家庭工作
WFC3	今天，由于工作上的事情导致我想在家里做的事情没有完成

4.3.7 高质量联结测量量表

高质量联结的测量采用 Carmeli 和 Gittell（2009）编制的高质量联结测量量表，共 3 个维度并包含 10 个题项，如表 4-7 所示，涉及目标共享（如"我们朝同一个目标努力"等 3 个题项）、知识共享（如"知道合作者做什么工作"等 4 个题项）和相互尊重（如"尊重不同的意见"等 3 个题项）3 个方面。3 个因子对应的信度系数依次是 0.79、0.88 和 0.70，量表的内部一致性系数为 0.81。

表 4-7　高质量联结测量量表

测量维度	编号	题项
目标共享	HQC1	在这个组织中，我和同事们有着共同愿景
	HQC2	在这个组织中，我感觉我和同事们朝着共同目标前进
	HQC3	这个组织的员工没有明确的行动方向
知识共享	HQC4	这个组织的员工相互指导他们的同事处理任务
	HQC5	在这个组织中，我们会彼此分享我们的工作相关话题
	HQC6	我和同事会在工作中相互分享心得，这可以让我们更好地理解彼此的工作需求
	HQC7	我会与同事分享我的工作问题，这可以让我更好地理解我的行为如何影响同事
相互尊重	HQC8	在工作中，彼此之间能相互尊重
	HQC9	当有人表达他的不同意见时，同事之间会表达尊重
	HQC10	相互尊重是我们在这个组织中关系的基础

4.3.8　控制变量

调查中，员工的年龄、性别、学历和工作年限等在本次测量过程中属于控制变量，但是本质上它们都归属于人口统计学变量的范畴。依照性别可将被调查者分为男性和女性，按照年龄可以将被调查群体划分为 6 个部分。根据学历水平可以将被调查者划分为大专、本科和硕士研究生 3 个级别。在本单位或本岗位上的工作按年份分为 5 个等级。

4.4　经验抽样法

4.4.1　定义

经验抽样法（experience-sampling methodology，ESM）指的是对短时间内发生的事件在极短的时间进行评估，并将评估过程及结果进行记录的研究方法。主要用来收集因为时间变化和个体因素变化，导致自身也发生变化的信息。这种抽样方法属于重复抽样，能够收集同一主体在不同时间点的表现。使用该方法时，受访者需要在极短的时间内回答大量问题。这些问题都是相对抽象化的，不同问题之间不存在关联性，这样做的目的是降低社会称许性偏差。它能够追踪个体的时空间变化历程，比如个体的情绪可能会随着时间的推移和环境的变化而发生波动，但是这种波动产生的原因以及其呈现的形式就是需要研究的对象。本研究的相关变量中，工作-家庭冲突、工作-家庭增益、工作旺盛感、职场焦虑及时间压力均可以从微观个体间的层次进行考察，因为这些变量均表现出较强的状态特点。例如 Beal 等（2006）指出，情绪调节对于个体所处的环境有较高的依赖度，所以其本身就具有不稳定的特性。工作过程中所产生的各类想法以及其对工作的判断和认知都属于工作经验的范畴。Beal（2012）指出，高级绩效本身会随着环境的变化而发生变化，它的波动主要体现在个体内的层次上。而组织行为受人们瞬时的情绪、情感和认知的影响，应用经验抽样法能够让被调查者回忆起其在过去工作过程中某一天的情绪状态，这样就能够收集到被调查者在当天的经历，即出现在当时的事件和经历者的实际情绪状态等"真实"数据。

4.4.2　问卷缩减与倦怠感控制

为了将被试多次汇报的倦怠感控制在一定范围内，同时激励他们按时汇报，研究中的问卷应该尽量简短，一般而言，每天进行一次报告的时间约为 5~10 分钟，而每周进行一次的报告的答复时间约为 2~3 分钟（Hektner 等，2007）。为了与上述时间跨度设置保持一致，并且避免被试对大量的测量问题感到厌烦，在经验抽样研究中，通常的做法是缩减现有量表的题项数目，由于在其他方法中需要进行整体测量的变量在经验抽样研究中测量往往更为简单和明确，缩减题目数量也是可以接受的（宋照礼等，2018；Fisher and To，2012）。缩减题目的方法主要包括三种：一是在现有测量量表中选择那些因子载荷高的因子；二是尽可能完整体现多维度结构的所有方面；三是根据两次报告之间的变动程度来选取那些更能反映行为或体验动态性的测量题项。

4.5 统计分析与结果

4.5.1 样本

本研究样本来自北京、成都、重庆及长春5家高科技企业，被试人员均有一年以上的企业工作经验。被试人员主要通过企业人力资源主管在企业内部招募，为激励被试配合研究并最终完成问卷的填答，对于完成两阶段研究的人员每人给予30元的电话充值卡作为奖励。共招募到163名被试。问卷测量主要分为两个阶段，第一阶段主要对被试人员的背景信息、人口统计学变量等进行测量。第二阶段主要对被试进行每日测量，时间周期为1周（星期一至星期五），需要指出的是，被试通过网络问卷的形式在网络平台进行测试。其中，测试时间节点分别为下午下班时（17：00—19：00），及晚上睡觉前（20：00—23：00）。其中在下午下班时测量每日主动行为、每日旺盛感、每日时间压力及每日焦虑；在晚上睡觉前测量每日工作-家庭冲突及每日工作-家庭增益情况。通过以上方式进行问卷回收，第一阶段共收到134份问卷，初步的问卷回收比例为82%。其中，18人对每日两次测量未给予任何回复，因此这些问卷数据将被删除。在134名个体回复的问卷中，其中，114名被试者共提供了520天的下午下班时间的回复（平均每名被试约4.56个下班前测试），109名被试回复了486天的睡觉前回复（平均每名被试约为4.46个睡觉前测试）。通过对样本进行整理配对最终确定研究样本为107名被试共409天（平均每名被试约为4.1天测试）。对比与招募到的员工，65%的员工完成了该项研究的调查。在107名被试中，包含60名男性（56%），平均年龄为32.1岁（SD＝6.8），参与测试的被调查者只有21%人的学历低于本科。

4.5.2 统计分析方法

笔者在整理数据的时候引入了SPSS 21.0，并在此基础上完成了对样本特征、量表信度和变量的分析工作。由于数据拥有两个层次，分别为每日层次（Level 1）及个体层次（Level 2），每日层次嵌套于个体层次中。最后针对经验抽样获取的多层次嵌套数据，采用多层次线性分析技术，利用Mplus 6.0（Muthén and Muthén，2012）对研究假设进行多层次分析（Song et al.，2011），依据Hofmann和Gavin（1998）的建议对变量进行中心化处理。分别检验每日工作旺盛感在每日主动行为与每日工作–家庭冲突及每日工作–家庭增益之间的中介作用、每日时间压力在每日主动行为与每日工作–家庭冲突及每日工作–家庭增益之间的中介作用、职场焦虑在主动行为与工作–家庭冲突及工作–家庭增益之间的中介作用；高质量联结在主动行为与工作旺盛感之间的调节作用、高质量联结在主动行为与职场焦虑之间的调节作用、高质量联结在主动行为与时间压力之间的调节作用。

4.5.3 结构效度分析

为提高研究结果的精确性，本研究采用Mplus 6.0进行多层次验证性因子分析，分析对象是每日测量变量（multilevel CFA）（Sonnentag and Starzyk，2015），通过对本研究6因子结构模型（每日主动行为、每日心理旺盛感、每日职场焦虑、每日时间压力、每日工作–家庭冲突及每日工作–家庭增益）与其他替换模型进行对比分析，结果如表4-8所示，研究显示6因子模型的优势在于其具结构效度，其中，$\chi^2 = 107.24$，$\chi^2/df = 1.67$，CFI = 0.95，RMSEA = 0.04，TLI = 0.93。

表4-8 验证性因子分析结果

Model	χ^2	df	χ^2/df	CFI	TLI	RMESA
6因子模型	107.24	64	1.67	0.95	0.93	0.04
5因子模型	120.75	67	1.80	0.92	0.90	0.07
4因子模型	450.71	71	6.34	0.88	0.84	0.17
3因子模型	968.06	74	12.94	0.72	0.66	0.22
2因子模型	1 423.38	76	18.72	0.57	0.49	0.24
1因子模型	2 324.65	78	29.80	0.28	0.17	0.34

注：1因子模型：PB+WF+工作–家庭冲突+TP+OA+TW；2因子模型：PB+TP+OA+TW；WFE+工作–家庭冲突；3因子模型：PB；TP+OA+TW；WFE+工作–家庭冲突；4因子模型：PB+TP；OA；TW；WFE+WFE；5因子模型：PB；TP；OA；TW；WFE+工作–家庭冲突；6因子模型：PB；TP；OA；TW；WFE；工作–家庭冲突。其中，PB代表主动行为，TP代表时间压力，OA代表职场焦虑，TW代表工作旺盛感，工作–家庭冲突代表工作–家庭冲突，WFE代表工作–家庭增益。

4.5.4 描述性统计分析

首先，构建零模型检验模型中每日主动行为、每日工作旺盛感、每日时间压力、每日工作-家庭冲突及每日工作-家庭增益等变量是否存在个体内差异及个体间差异。以确定模型是否适合进行多层次分析。通过计算组内相关系数ICC（1）（intra class correlation coefficient）验证多层级分析的必要性，若ICC（1）值低于0.06，则无须采取分析行动，反之则需要立刻对数据进行分析（温福星，2009）。如表4-9所示，本研究中的组间方差 ICC1s 在 0.48～0.65 之间（0.35～0.52 之间个体内差异），这表明理论模型适合进行多层次分析。其次，在进行假设检验之前，我们对模型中的变量进行了相关性分析。其中相关分析部分中斜线以下部分为个体间（between- individual level）相关分析，斜线以上部分为个体内（within-individual level）相关分析（N=409）为验证研究假设提供部分依据。表4-9结果显示，在个体内（within-individual level）层次，每日主动行为与每日工作旺盛感（r=0.33，p<0.01）、每日时间压力（r=0.13，p<0.05）、每日工作-家庭冲突（r=0.09，p<0.05）及每日工作家庭增益（r=0.26，p<0.01）呈显著相关性。每日工作旺盛感与每日职场焦虑（r=−0.18，p<0.05）、每日工作-家庭冲突（r=−0.13，p<0.01）及每日工作家庭增益（r=0.37，p<0.01）显著相关。每日时间压力与每日职场焦虑（r=0.34，p<0.01）、每日工作-家庭冲突（r=0.52，p<0.01）及每日工作-家庭增益（r=−0.17，p<0.01）显著相关。职场焦虑与每日工作-家庭冲突（r=0.13，p<0.01）及每日工作-家庭增益（r=−0.12，p<0.01）显著相关。在个体间（between- individual level），每日主动行为与工作旺盛感（r=0.42，p<0.01）、每日时间压力（r=0.21，p<0.05）、每日工作-家庭冲突（r=0.14，p<0.01）、每日工作-家庭增益（r=0.28，p<0.01）及高质量联结（r=0.23，p<0.001）呈显著相关性。每日工作旺盛感与每日职场焦虑（r=−0.15，p<0.05）、每日工作-家庭冲突（r=−0.17，p<0.01）、工作-家庭增益（r=0.31，p<0.01）及高质量联结（r=0.20，p<0.01）呈显著相关。每日时间压力与每日职场焦虑（r=−0.29，p<0.01）、工作-家庭

冲突（$r=0.42$，$p<0.01$）及工作-家庭增益（$r=-0.07$，$p<0.01$）呈显著相关。每日职场焦虑与每日工作-家庭冲突（$r=0.13$，$p<0.05$）呈显著相关。

表4-9 变量描述性统计分析及相关系数

变量	M	SD	ICC	1	2	3	4	5	6	7
个体内层次										
1.每日主动行为	3.27	0.86	0.65	—	0.33**	0.13*	0.08	0.09*	0.26**	—
2.每日工作旺盛感	3.54	0.87	0.63	0.42**	—	0.14	–0.18*	–0.13**	0.37**	—
3.每日时间压力	3.00	0.68	0.57	0.21*	0.11	—	0.34*	0.52**	–0.17**	—
4.每日职场焦虑	2.53	0.69	0.48	0.17	–0.15*	0.29**	—	0.13**	–0.12*	—
5.每日工作-家庭冲突	3.21	1.00	0.60	0.14*	–0.17*	0.42**	0.13*	—	0.04	—
6.每日工作-家庭增益	3.01	0.57	0.62	0.28**	0.31**	–0.07*	–0.10	–0.08	—	—
个体间层次										
7.高质量联结	3.13	0.81	—	0.23**	0.20**	–0.11	–0.08	–0.05	0.29**	—

注：相关分析部分中斜线以下部分为个体间相关分析（$N=107$）斜线以上部分为个体内相关分析（$N=409$），其中，个体间相关性分析结果是通过个体内每日测量分数加总计算得出。* $p<0.05$. ** $p<0.01$. *** $p<0.001$.

4.5.5 假设检验

1. 中介效应分析方法

根据 Krull 和 Mackinnon（2001）、Mathieu 和 Tayor（2007）对于跨层次中介模型的整理分析，一般来说，跨层次中介模型主要划分为以下三种，如图4-1，图4-2及图4-3所示，本研究模型属于跨层次中介模型3。这种中介效应模型主要被应用于两种研究，一是重复测量研究（Kenny et al.，2003；Bauer et al.，2006），二是纵向研究（Maxwell and Cole，2007）。主要遵循以下步骤。

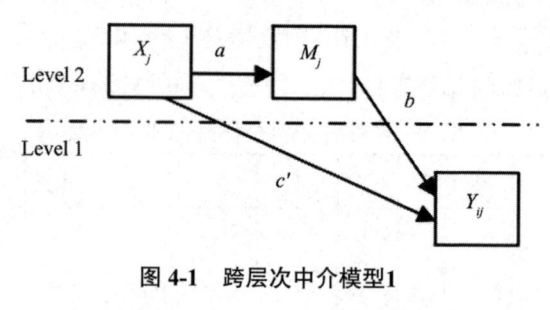

图 4-1　跨层次中介模型1

图 4-2　跨层次中介模型2

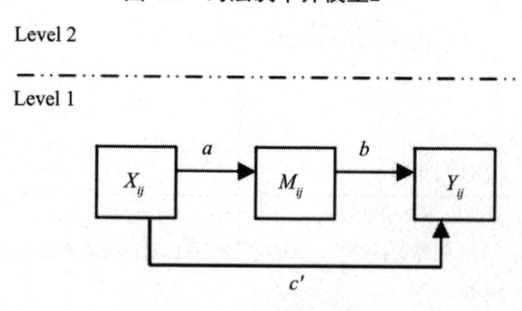

图 4-3　跨层次中介模型3

步骤一：Zhang 等人（2009）通过对层 1 自变量按组均值中心化方法，将组均值置于层 2 截距方程式中的方式进行中心化。这是为了确保不同的中介效应不被混淆，产生于中介变量的组内变异和组间变异的中介效应是有差异的。零模型的建设和使用是为了确定自变量 X_j 对因变量 Y_{ij} 的直接效应 c 和自变量 X_j 对中介变量 M_{ij} 的直接效应 a 都涉及层 2 变量对层 1 变量的跨层级效应。计算相应的组内相关系数 ICC（1），将该数据作为多层级分析必要性的依据，当其数值超过 0.06 的时候，需要开启多层级分析（温福星，2009）。

步骤二：自变量 X_{ij} 对因变量 Y_{ij} 的直接效应 c 的检验，自变量 X_{ij} 对因变量 Y_{ij} 的直接效应 c 的检验，以下方程是具体操作方法：自变量 X_{ij} 对因变

量 Y_{ij} 的直接效应 c 分为两部分，一部分是自变量 X_{ij} 的组内变异（$X_{ij}-X_{.}$）对因变量 Y_{ij} 的直接效应 r_{10}^{c1}，另一部分是自变量 X_{ij} 的组间变异（$X_{.j}-X$）对因变量 Y_j 的直接效应 r_{01}^{c2}。

层-1：$Y_{ij}=\beta_{0j}+\beta_{1j}(X_{ij}-\overline{X}_j)+\varepsilon_{ij}$

层-2：$\beta_{0j}=r_{00}+r_{01}^{c2}\overline{X}_j+\mu_{0j}$

$\qquad \beta_{1j}=r_{10}^{c1}$

步骤三：自变量 X_{ij} 对中介变量 M_{ij} 的直接效应 a 的检验，自变量 X_{ij} 对中介变量 M_{ij} 的直接效应 a 的检验，以下方程是具体操作方法：

层-1：$M_{ij}=\beta_{0j}+\beta_{1j}(X_{ij}-\overline{X}_j)+\varepsilon_{ij}$

层-2：$\beta_{0j}=r_{00}+r_{01}^{a2}\overline{X}_j+\mu_{0j}$

$\qquad \beta_{1j}=r_{10}^{a1}$

自变量 X_{ij} 对中介变量 M_{ij} 的直接效应 a 分为两部分，分别是自变量 X_{ij} 的组内变异（$X_{ij}-X$）对中介变量 M_{ij} 的直接效应 r_{10}^{a1}，和自变量 X_{ij} 的组间变异（$X_{.j}-X$）对中介变量 M_{ij} 的直接效应 r_{01}^{a2}。

步骤四：自变量 X_{ij} 和中介变量 M_{ij} 同时对因变量 Y_{ij} 作用的效应 c' 和 b 的检验，自变量 X_{ij} 和中介变量 M_{ij} 同时对因变量 Y_j 作用的效应 c' 和 b 的检验，以下方程是具体操作方法：

层=1：$Y_{ij}=\beta_{0j}+\beta_{1j}(X_{ij}-\overline{X}_j)+\beta_{2j}(M_{ij}-\overline{M}_j)+\varepsilon_{ij}$

层-2：$\beta_{0j}=r_{00}+r_{01}^{c2}\overline{X}_j+r_{02}^{b2}\overline{M}_j+\mu_{0j}$

$\qquad \beta_{1j}=r_{10}^{c'1}$

$\qquad \beta_{2j}=r_{20}^{b1}$

b 是中介变量 M_{ij} 对因变量 Y_{ij} 作用的效应，它被分为两部分，即中介变量 M_{ij} 的组内变异（$M_{ij}-M_{.j}$）对因变量 Y_{ij} 的效应 r_{20}^{b1}，以及中介变量 M_{ij} 的组间变异（$M_{..j}-M_{...}$）对因变量 Y_{ij} 的效应 r_{02}^{b2}。在中介变量 M_{ij} 存在的情况下，自变量 X_{ij} 对因变量 Y_{ij} 的效应 c' 也分为两部分，一部分是自变量 X_{ij} 的组内变异（$X_{ij}-X_{.j}$）对因变量 Y_{ij} 的效应 $r_{10}^{c'1}$，另一部分是自变量 X_{ij} 的组间变异（$X_{.j}-X_{..}$）对因变量 Y_{ij} 的效应 $r_{01}^{c'2}$。

2. 调节效应分析方法

多层次调节效应应用结构方程模型的分析方法主要包含以下两种。第一种方法是随机系数预测法（random coefficient prediction，RCP），随机斜率 β_{1j} 作为因变量，做随机斜率 β_{1j} 对调节变量 Z_j 的回归，跨层调节效应的结果需要关注回归系数r的状态。第二种方法是潜调节结构方程法（latent moderated structural equations，LMS）。所有指标都将成为被分析的对象，并以有限的混合分布状态出现。估计分布函数对数的过程中会引入EM算法（expectation maximization algorithm），通过多层调节效应得到最终结果（Klein and Moosbrugger，2000；温忠麟 等，2012；温忠麟 等，2013）。根据方杰、温忠麟和吴燕（2018）的研究，提出效应跨层次的调节主要基于以下几个步骤开展。①建立多层调节模型。模型的构建应该起始于现有研究成果，并融合过去的研究经验，所有路径设置都是有其客观依据的，变量顺序可以根据温忠麟（2017）的研究成果进行设置。②考虑用层1变量的组均值替代层2作为自变量是否合适。如果答案是肯定的，直接履行步骤3；如果答案是否定的，需要引入多层线性模型（MLM）对其进行分析和调整。③使用多层结构方程模型（MSEM）进行调节效应分析。RCP法和LMS法分别适用于跨层调节效应和同层调节效应。具体流程如图4-4所示。

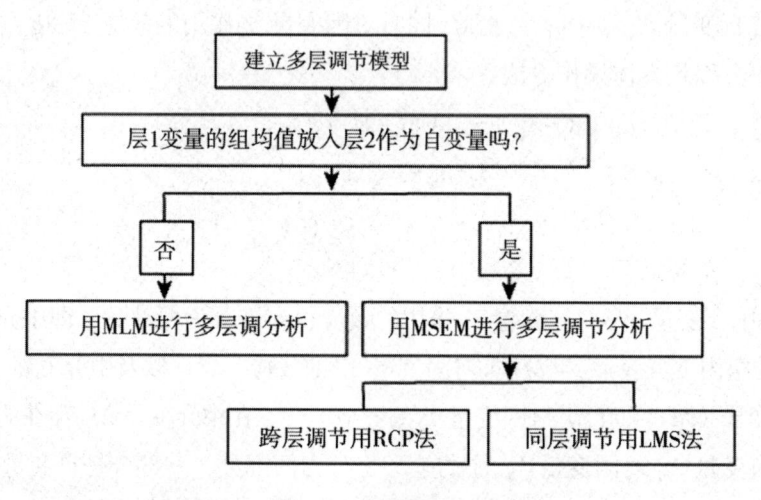

图4-4 多层调节分析流程

3.中介效应假设检验

由于本研究中多层次数据具有嵌套性质，采用 Mplus Version 7.0（Muthén and Muthén，1998—2012）对多层次模型进行检验，如上文提到的检验步骤及 Preacher 等（2010）建议的中介模型检验步骤，如表 4-10 所示，其中，在个体内层次，每日主动行为对每日工作-家庭增益有显著正向影响（γ =0.31，p <0.01），每日主动行为对每日工作旺盛感有显著正向影响（γ =0.24，p <0.01）。根据 Bauer 和 coauthor（2006）提到的多层次中介模型中的中介检验方法，并通过 Bootstrap（Bootstrap=1 000）的方法检验路径系数 ab 的置信区间 CI（confidence interval），ab 的显著性检验需要不对称置信区间（asymmetric confidence interval）配合完成，ab 的乘积显著的情况下，置信区间值不为 0，中介效应存在（ten Brummelhuis and Bakker，2012；Wang et al.，2013）。其中，每日主动行为通过工作旺盛感对每日工作-家庭增益影响的中介效应为 B=0.07，95%（CI）[0.05，0.38]。研究结果证实了研究假设 H1，H3。其次，如表 4-12 所示，在个体内层次，每日主动行为对工作-家庭冲突有显著正向影响（γ = 0.27，p < 0.05），每日主动行为对时间压力有显著正向影响（γ = 0.14，p < 0.01）。其中，每日主动行为通过时间压力对每日工作-家庭冲突影响的中介效应为 B=0.02，95%（CI）[0.03，0.27]。研究结果证实了研究假设 H2，H4。最后，如表 4-11 所示，在个体内层次，每日主动行为对每日工作-家庭冲突有显著正向影响（γ = 0.27，p < 0.05），而每日主动行为对每日职场焦虑影响不显著（γ = 0.10，p＞0.05）。研究假设 H5 未得到验证。

4. 调节效应假设检验

基于上文提到的跨层次调节效应分析流程，采用随机系数预测法，其因变量为随机斜率 β_{1j}，引入该数值对调节变量 Z_j 的回归，回归系数跨层调节效应正向相关（Preacher et al.，2006）。首先，构造以高质量联结为自变量，每日主动行为对每日工作旺盛感影响的斜率为因变量的函数。通过分析得出，高质量联结对该斜率有显著正向影响（β=0.17，p<0.05）。结果显示：在强高质量联结的情境下（平均数加一个标准差），每日主动行为与每日工作旺盛感的正向关联性较强（简单斜率为 0.28，p <0.01）；比较一下，在弱高质量联结化的情境下（平均减一个标准差），每日主动行为对每日工作旺盛感的作用不显著（简单斜率为 0.02，p > 0.05）。研究结果证实了研究假设 H6。其次，依据以上步骤，构造以高质量联结为自变量，每日主动行为对每日时间压力影响的斜率为因变量的函数。通过分析得出，高质量联结与该斜率有显著负向影响（$\beta=-0.12$，$p<0.05$）。结果显示：在强高质量联结的情境下（平均数加一个标准差），每日主动行为与每日时间压力的正向关联性不显著（简单斜率为-0.02，$p>0.05$），在弱高质量联结化的情境下（平均减一个标准差），每日主动行为与每日工作旺盛感呈显著负向关联（简单斜率为-0.21，$p<0.05$）。研究结果证实了研究假设 H8。最后，构建以高质量联结为自变量，每日主动行为对每日职场焦虑影响的斜率为因变量的函数。通过分析得出，高质量联结与该斜率关系不显著（$\beta=-0.10$，$p>0.05$）。研究假设 H7 未得到验证。

表 4-10 多层次路径分析（每日工作旺盛感中介效应及高质量联结调节效应）

变量	每日工作旺盛感				每日工作-家庭增益		
	Null Model	Model1	Model2	Model3	Null Model	Model4	Model5
Intercept	3.65**	3.68**	3.68**	3.68**	3.31**	3.31**	3.32**
	(0.08)	(0.06)	(0.06)	(0.06)	(0.09)	(0.08)	(0.08)
控制变量							
年龄		−0.03	−0.03	−0.03		0.02	0.02
		(0.04)	(0.03)	(0.02)		(0.04)	(0.03)
受教育程度		0.04	0.04	0.04		0.01	0.01
		(0.05)	(0.03)	(0.03)		(0.06)	(0.06)
每日主动行为			0.24**	0.26**		0.31**	0.20**
			(0.04)	(0.06)		(0.09)	(0.03)
每日工作旺盛感							0.30**
							(0.09)
高质量联结				0.13**			
				(0.03)			
每日主动行为*高质量联结				0.11**			
				(.06)			
Level 1 var	0.22	0.16	0.14	0.14	0.45	0.35	0.30
Level 2 var	0.32	0.27	0.28	0.27	0.32	0.30	0.30

注：*$p<0.05$. **$p<0.01$. ***$p<0.001$.

表 4-11 多层次路径分析（每日时间压力中介效应及高质量联结调节效应）

变量	每日时间压力				每日工作-家庭冲突		
	Null Model	Model6	Model7	Model8	Null Model	Model9	Model10
Intercept	3.04** （0.05）	3.21** （0.03）	3.21** （0.03）	3.21** （0.03）	2.73** （0.06）	2.73** （0.04）	2.73** （0.06）
控制变量							
年龄		0.07 （0.07）	0.03 （0.06）	0.03 （0.02）		0.09* （0.04）	0.09* （0.03）
受教育程度		0.02 （0.04）	0.02 （0.05）	0.02 （0.05）		0.05 （0.06）	0.05 （0.06）
每日主动行为			0.14** （0.06）	13** （0.02）		0.27* （0.09）	0.09** （0.03）
每日时间压力							0.20** （0.05）
高质量联结				−0.31 （0.07）			
每日主动行为* 高质量联结				−0.14** （0.05）			
Level 1 var	0.21	0.20	0.16	0.16	0.37	0.32	0.29
Level 2 var	0.35	0.35	0.36	0.35	0.29	0.27	0.24

*$p<0.05$. **$p<0.01$. ***$p<0.001$.

表 4-12　多层次路径分析（每日职场焦虑中介效应及高质量联结调节效应）

变量	每日职场焦虑				每日工作-家庭冲突		
	Null Model	Model11	Model12	Model13	Null Model	Model14	Model15
Intercept	2.43**	2.32**	2.32**	2.32**	2.86**	2.86**	2.86**
	(0.03)	(0.02)	(0.02)	(0.02)	(0.05)	(0.03)	(0.05)
控制变量							
年龄		0.04	0.03	0.03		0.08*	0.08*
		(0.05)	(0.04)	(0.04)		(0.04)	(0.03)
受教育程度		0.03	0.03	0.03		0.04	0.04
		(0.09)	(0.08)	(0.08)		(0.06)	(0.06)
每日主动行为			0.10	0.10		0.27**	0.09
			(0.02)	(0.07)		(0.09)	(0.05)
每日职场焦虑							0.17**
							(0.04)
高质量联结				−0.09			
				(0.05)			
每日主动行为*高质量联结				−0.12			
				(0.05)			
Level 1 var	0.16	0.15	0.13	0.13	0.28	0.26	0.24
Level 2 var	0.27	0.27	0.22	0.23	0.17	0.15	0.12

* $p<0.05$. ** $p<0.01$. *** $p<0.001$.

第5章 研究结论与启示

5.1 研究结论

5.1.1 每日主动行为对工作-家庭界面存在双刃剑效应

一方面,工作场所的主动行为的实施需要个体花费一定的工作时间以制定行动目标及行动方案,因此,个体会将大量时间投入工作角色之中,这将导致个体承担家务和参与家庭活动的时间减少,最终引发工作-家庭冲突。在一定程度上也印证了 Harrison 和 Wagner(2016)通过资源分配理论研究发现的变化聚焦的主动行为可能引发个体的工作-家庭冲突。另一方面,实施主动行为的个体可以通过工作中收获的资源(如自尊、经济收入、领导认同、工作满意度及职业成功等)提升家庭领域的角色满意度进而促进工作-家庭增益。这既证实了 Germeys 等(2015)的研究,该结论也证实了个体在短时间内将同时经历工作-家庭冲突及工作-家庭增益。

5.1.2 每日工作旺盛感在每日主动行为与工作-家庭增益之间起中介作用

在资源保存理论的框架之内,员工在得到能量的支持之后,其为了为自己争取到更大的利益,会将资源的价值利用到最大化,然后以此为基础为自己谋取更多的资源。在此过程中,其工作旺盛感会得到进一步的激发,这种心理状态的存在说明个体在特定组织情景下激发的情感及认知体验,反映了个体在利用组织资源后实施主动性工作行为(任务聚焦、主动探索、注意相关)的激活程度。依据积极组织行为理论,内在的积极状态会促使个体主动利用环境资源对其所属的情境进行改造，同时这些资源能够在一定程度上缓解工作家庭之间的矛盾。

5.1.3 每日时间压力在每日主动行为与工作-家庭冲突之间起中介作用

依据自我损耗理论及资源保存理论，主动行为作为一种自我调节活动需要某种能量的参与，即主动行为的实施将消耗个体的有限资源（时间、心理能量及精力），而资源的匮乏将影响个体家庭角色中资源的投入。因此，当个体实施主动行为将消耗或延长个体的工作时间，甚至个体在家庭中仍会对主动行为的实施进行构思（例如个体创新、建言等行为）时，这些都将对个体对家庭角色的时间投入产生消极影响，进而导致其工作角色与家庭角色的冲突。

5.1.4 高质量联结在主动行为与时间压力之间起负向调节作用

本研究提出高质量联结能够缓解主动行为带给个体的时间压力。个体在实施主动行为之前需要进行谋划并深思熟虑。例如在工作场所中的主动创新或主动建言行为，这些行为需要个体谨慎筹划，这样才能达成预期效果。因此，主动行为的未来导向特征决定了个体实施主动行为需要经过设定目标、执行目标并反馈目标等诸多阶段，这将消耗其时间资源（Frese and Zapf, 1994）。高质量联结的互动已经成为参与方的活力来源，能让他们的行动力得到进一步的增强。因此主动行为的实施虽然可能需要个体提前筹划并可能改变工作流程或工作方法，但高质量联结带来的人与人之间的临时合作及迅速协调，将使得主动行为的实施更为便利，促进主动行为人高效地完成任务。

5.1.5 高质量联结在主动行为与工作旺盛感之间起正向调节作用

主动行为作为一种情景行为具有一定的适应条件和边界条件，从主动行为的内在特征来看，在组织情景中，主动行为的实施具有一定的风险性,这种风险主要源自主动行为的实施往往会超越职位或角色边界,主动行为人的这种职位以及角色"越位"可能会遭到同事的反对而无法有效实施(Frese et al.,2007;Morrison and Phelps,1999)。Dutton(2014)认为,高质量联结的互动能为参与的双方注入更大的活力,推动他们前进,赋予他们更强的行动力。高质量联结从主观层面让人们的注意力范围得到进一步的拓宽,在获取到更加丰富的知识的同时,能激发人们的探索欲望和学习欲望(Brøndbo and Aarrestad,2014)。

5.2 研究局限与未来展望

5.2.1 研究局限

主动行为依然是组织行为研究的前沿,本书针对主动行为对工作-家庭界面的双刃剑效应的研究为该领域研究做了一定的拓展,对企业有效激发员工主动性并规避主动性的消极效应有一定的借鉴意义。但由于研究过程中精力和时间有限,也难免存在一些局限性,具体的局限主要体现在以下几个方面。一是在样本数据方面,样本来源依然较为狭容,样本数量不够充足,无法避免同源偏差的出现。测量问卷完全由员工填写,可能存在社会称许性问题。二是在理论模型的建构及变量选取上,本书仅仅根据理论及研究的需要进行了分析,但仍然可能与实践存在一定的差异,这也可能造成一定的研究偏差。三是在调节效应分析方面,本书仅仅依据主动行为的相互依赖的特征引入了高质量联结作为调节变量,但在主动行为与工作-家庭界面影响机制中,文化情景、工作特征、个体特质都可能作为调节变量发挥作用,这也是本研究中存在的局限。

5.2.2 未来展望

1. 特定类型的主动行为对工作-家庭界面的影响研究

主动行为可以划分为不同的类型,现有研究证实,对于个体而言,不同类型的主动行为耗费的能量存在一定的差异,对于不同类型主动行为对工作-家庭界面的影响有待深入探究。

2. 深入挖掘主动行为对工作-家庭界面影响的情景变量

主动行为是情景依赖行为，深入挖掘主动行为对工作-家庭界面影响的情景变量有利于发展情景特定理论（context-specific），例如：工作特征、工作时间、企业文化和个体特质等变量都可能发挥调节作用，未来研究中可以引入调节变量发展理论。

3. 开展主动行为对个体幸福感及心理健康的追踪研究

虽然主动行为被广泛认为对企业及个体工作绩效有积极意义，但主动行为是否对个体的健康有益？是否会增进个体福祉？或者主动行为是否会使个体陷入身心疲惫？未来可以针对主动行为对个体心理健康的影响展开纵向研究。

5.3 研究启示

5.3.1 激发员工实施主动行为，重视主动行为的消极面

随着外界环境的急速变化及组织结构的扁平化趋势，传统人力资源管理模式显然越来越不适应外界的不确定性。企业中应逐渐推广基于职位的角色管理制度以激发个体实施主动行为。一是由于主动行为实施的时间、地点、方式、频率、对象都具有较强的不确定性，传统的职责范围对于个体的行为施加了极为强烈的限制。所以可以将工作说明书内的职责范围替换为工作决策范围，这样个体在担任某一角色的时候，其承担的工作内容将会更加丰富，除了必须要完成的刚性工作任务之外，其他弹性工作任务以及延伸的各项事务能够有效提升其工作能力。根据其兴趣和整体素质进行弹性定位，能够进一步激发其主观能动性。二是角色的扩展意味着责任的扩充，依照责权利对应原则和能级匹配原则，在扩充角色边界的同时应赋予员工更多的权限，建立内部员工董事制度，鼓励员工参与公司内部治理。三是针对工作说明书强化企业的培训体系，从职责扩展到角色意味着能力的提升，研究中已证实个体工作实施主动行为需要结合一定的知识、

能力、经验等因素，因此企业应实施通过工作扩大化、工作丰富化及工作轮换制度提升个体的纵向能力（管理能力、组织能力、领导力）和横向能力（跨职位相关能力）。赋予员工实施主动行为的能力才能提升其实施主动行为时的信心和希望。四是对于员工的绩效管理，应该重点强化员工的角色目标设定，目标设定时应在企业与员工之间有效沟通，被员工接纳或吸收的目标是员工自我管理及实施主动行为的关键，企业应该在目标的实施计划上对其加以辅导，增加目标对员工的驱动效果。五是企业应该加强企业文化建设，员工对企业的认同、责任感往往成为其实施主动行为的理由，因此企业文化中应贯彻关怀、尊重、参与、信任等人文理念，通过内部文化的宣传和引导，提升员工对职业、对企业的工作热情，增强其工作主动性和奉献敬业精神。六是重视主动行为对个体的消极影响。主动行为虽然可以有益于个体的绩效及职业生涯，但从本研究来看，主动行为也将引发个体的时间压力和职场焦虑最终引发其工作-家庭冲突，若主动行为对个体持续产生消极影响，其实施主动行为的动力及能量将不足，最终必将抑制其实施主动行为。因此企业及管理层应重视主动行为对个体的消极影响，通过改善组织内的人际关系并提升企业信任氛围，让个体实施主动行为时没有后顾之忧，降低实施主动行为给个体带来的不安、压力及焦虑感。这将最终有利于个体实施主动行为。

5.3.2 尝试推行员工能量管理计划，开发员工的心理资本

积极心理学让心理学研究者将目光聚焦到了如何培养开发人的潜能上，而在此之前心理学的主要研究课题是心理疾病的治疗（Millner，2012）。工作中能量的研究，对组织绩效的提升（Quinn et al., 2012）和员工个体的发展（Owens et al., 2016）具有重要的理论及实践意义。从本书的理论与实证研究来看，主动行为既可以产生能量也可以消耗能量，能量的变化将引发工作-家庭冲突或工作-家庭增益。但从目前情况来看，传统的人力资源管理将管理的重点锁定为员工的时间管理，这种管理的出发点属于对员工的"静态管理"，员工为完成工作职责，往往需要加班加点来完成繁重的工作任务。但工作场所中的员工的热情、态

度、情绪均属于动态因素,若未考虑到这些动态心理因素,员工的主观能动性会大幅度降低,公司的离职率甚至会因此出现一定程度的提升。这些动态的因素都可以认定为员工在工作场所的能量或资源,这种管理视角在理论和实践上已经逐渐吸引关注。例如索尼公司推行的能量计划(Energy Project),在管理者养成习惯的过程中,为其提供助力,确保其能量管理方式的科学性。因此,首先我国企业也应适时推出以心理资本、积极情绪、工作意义感、自我管理能力、工作生活平衡等为主要内容能量管理计划,让思维从原本的索取方转变为付出方,这样员工的主观能动性才能够得到有效的激发,他们在工作过程中才会投入更多的时间和精力。其次,员工工作场所中的核心能量指的就是心理资本。提升员工的心理资本已经成功运用于企业内的人力资源管理实践中,本书认为提升员工的人力资本应重视以下几点。一是对于开发员工的自我效能和自信可以通过以下几种措施实现:赋予员工充足的工作资源,增强其岗位竞争意识,从而使其为了不断进步与提升,甚至为不被淘汰而不断地奋发进取;建立一系列培训和开发项目,通过让其观察或观摩与自己背景和情形相似的人的持续努力后成功的社会示范效应从而帮助雇员形成作为心理资本的信心,通过领导对员工评价、暗示及劝导进行生理和心理的唤醒。二是对于开发员工的希望:明晰和拆解个体的工作与职业生涯目标作为希望的路径,目标的构建应包括目标体系、阶段性目标及实施计划,投资和支持员工目标的达成作为员工产生希望的动力,例如为工作目标提供激励措施、为职业发展目标提供培训支持与职业生涯路径。三是对于开发员工的乐观:向员工传递积极信息反馈,让员工学会重新组织和接受自己过去的失败、错误和挫折,强化员工的积极心态;强化组织学习,帮助员工寻求职业生涯发展机遇,并帮助其以积极、自信的心态对待职业生涯中的不确定性。四是对于员工韧性的开发:可以培养员工的自我意识,让员工对自己的技能、社会网络有充分的认知,促使员工在面对挫折时有足够的能力应对,从而增强韧性。五是帮助员工树立起职业价值信仰,让员工在工作面临挑战的时候,能够站在基本价值的角度做出正确的抉择,遵守道德规范和职业操守,强化其抗压能力。

5.3.3 提升员工工作旺盛感状态,开发组织内关系能量

研究证实,工作旺盛感能促进组织业绩、创新、工作满意度及领导有效性并对个体的职业发展及职业适应力有显著积极作用。公司可以采取以下做法。一是提升个体在组织中的学习体验,为员工创造出良好的学习环境,开设各种短期培训课程,让员工的职业技能和整体素养得到有效的提升。课程的内容要有较强的针对性,目的就是让员工的工作效率得到有效提升,避免虚假培训造成开支浪费。对于员工 8 小时以外的学习,公司可以考虑提供一定的资金补助,让员工根据自己的兴趣爱好,自主选择学习内容,这样更能激发其主观能动性,通过学习来提高个人的综合素质。对于学习的结果,企业应当设置适当的奖励机制,通过奖励来巩固和强化这种有益的行为,营造积极的学习氛围。企业可以采取设立专项奖励基金,鼓励员工通过各种技术评定和学历深造,或者对于取得一定成绩的员工公开表彰,以示对其学习的认可。在精神层面对其进行鼓励,要让学习型组织的建设理念得到普遍的认可。对原有的工作安排进行调整,让员工拥有更为广阔的发展进步的空间。对工作资源的配置进行进一步的完善,让员工能够得到来自组织的资源支持,使其在工作过程中也拥有不断学习的机会。二是构建富有活力的企业文化。构建一种充满活力的企业文化,用企业文化来指引员工形成一种积极活力的价值观。企业可以在招聘新员工时就宣扬这种企业活力感,获得员工的认同。业余时间可以通过举办文化活动的方式,提高员工和企业之间互动频率,这样既能够让员工的业余生活更加丰富,同时还能提升其参与感。企业应该重视团队建设工作,团队成员之间不但要能够为彼此提供帮助,还要在关键时刻为彼此提供支持,这样的环境有助于培养员工的自我调节能力,当其面对压力时能够表现得更为出色。打造具有凝聚力的团队,这样员工接受企业文化的过程也会更为顺利。以上所有方法都是为了让员工的活力得到进一步的增强。三是通过员工援助计划(EAP)打造知识型组织文化。可以聘请专业人士对员工当下的工作状态进行评估,如果员工所承受的工作压力确实过大,那么专业人士会

对其进行心理疏导，将压力带来的负面影响降至最低。同时该举措还有利于激发员工的主观能动性。上述措施的最终目的都是让员工拥有工作旺盛感。

5.3.4 客观认识工作-家庭界面之间关系，促进员工工作-家庭增益

一是企业应重视员工工作与家庭之间的关系，工作域与家庭域既存在着对立关系也存在着促进增益关系。员工对工作投入的增加必然会以牺牲家庭生活为前提，而对家庭活动的参与也必然意味着工作绩效的降低。企业对员工工作-家庭关系进行管理时，首先要将重点放在如何避免和减少这种工作-家庭冲突上。员工的工作与家庭之间还存在着促进及增益关系，工作中也可以让员工将积极情绪及技能带入家庭之中，而家庭角色的完成也将促进工作角色的完成。因而，企业在对员工的工作-家庭关系进行管理时，也应转变传统的观念，基于积极心理学视角，将管理中的减少冲突转为促进增益。二是制定并完善家庭友好政策。从体制上保障家庭友好政策的实施非常必要，具体而言，一方面，企业内部应建立松散型的员工支持领导小组，要对员工的家庭状况和工作状态予以足够的关注，如果员工的家庭出现问题应该及时予以支持；从另一个方面看，公司可以根据其实际情况为员工提供多种类型的福利，比如弹性工作制、休闲假期、员工援助以及亲属照顾等。让家庭友好政策成为企业文化的一部分，通过完善的福利体系尽可能降低工作和家庭冲突的发生概率。公司可以为员工以及其家属提供保险支持，或者对其子女上学和配偶就业提供一定帮助。企业请假制度应更具备灵活性，让员工有机会休带薪假期或者无薪假期。此外，企业还可以推出各类住房交通补贴，进一步减轻员工的生活压力，强化其幸福情绪，降低员工工作-家庭冲突促进其工作-家庭增益。

5.3.5 提升工作效率，降低员工时间压力

一是组织内倡导灵活的时间观念，降低工作-家庭冲突发生的概率。当

下"996"的加班文化十分常见，很多企业希望员工的工作时长能够尽可能地拉长，甚至将加班时长作为考核员工的标准之一。很多员工在这种情况下只能被迫加班，但是加班的时间越长，员工分配给家庭的时间越少，很容易引起家庭矛盾。弹性工作制和灵活的时间安排并不能画上等号，企业内部应该有一个较为轻松的从业氛围。如英国的一家公司设置了"按时回家日"，鼓励员工更聪明地工作，而不是更长时间地工作。我们还可改变员工需要在周末和假期查阅电子邮件的习惯，由直接主管来跟踪员工的工作负荷等。二是推行减压计划。国外企业已经开始采取相关措施，即通过让员工掌握科学抚养方法，降低工作-家庭冲突发生的概率，让员工能够在减少时间成本和精力成本的基础上，满足工作和家庭的双重需求。该计划的支持者认为，员工通过培训完全可以达到该计划所倡导的理想状态。当工作和家庭的矛盾得到解决之后，他们将会以更加积极的心情和更加饱满的精神状态投入工作过程中，即便工作出现了一定的压力，他们也有足够的力量去应对。

5.3.6　关注员工心理健康，降低员工的职场焦虑

焦虑的员工将这种消极情绪带入家庭生活中进而引发工作-家庭冲突，这不仅影响员工的身心健康，也必将降低其幸福感。从整体角度把握员工的心理状况，对于出现焦虑情绪的员工及时进行沟通，可以尽可能降低缺勤、旷工、病假出现的概率。通过团队活动的方式，加强企业内部员工之间的互动频率，让他们建立起较为稳定的互动关系，这样有助于提升公司人才的稳定性。企业还可以让领导学习正确的工作反馈方式，让员工在工作过程中感受到其价值所在，并对企业产生更强的认同感和归属感。此外，企业可以邀请专业的心理咨询团队对员工进行培训，在培训过程中还可以向员工传授缓解压力和负面情绪的方法，让员工在工作和生活过程中能够感受到幸福。

参考文献

[1] GRANT A M, ASHFORD S J, 2008. The dynamics of proactivity at work [J]. Research in Organizational Behavior, 28(28): 3-34.

[2] DIKKERS J S E, JANSEN P G W, DE LANGE A H, et al, 2010. Proactivity, job characteristics, and engagement: a longitudinal study [J]. Career Development International, 15(1): 59-77.

[3] STRAUSS K, GRIFFIN M A, RAFFERTY A E, 2009. Proactivity Directed Toward the Team and Organization: The Role of Leadership, Commitment and Role-breadth Self-efficacy [J]. British Journal of Management, 20(3): 279-291.

[4] KIM T Y, CABLE D M, KIM S P, et al, 2010. Emotional Competence and Work Performance: The Mediating Effect of Proactivity and the Moderating Effect of Job Autonomy. [J]. Social Science Electronic Publishing, 30(7): 983-1000.

[5] CHAN D, SCHMITT N, 2000. Interindividual differences in intraindividual changes in proactivity during organizational entry: A latent growth modeling approach to understanding newcomer adaptation.[J]. Journal of Applied Psychology, 85(2): 190-210.

[6] FULLER J B, MARLER L E, HESTER K, 2012. Bridge building within the province of proactivity [J]. Journal of Organizational Behavior, 33(8): 1053-1070.

[7] MADEN, CEYDA, 2015. Linking high involvement human resource practices to employee proactivity [J]. Personnel Review, 44(5): 720-738.

[8] CROSSLEY C D, COOPER C D, WERNSING T S, 2013. Making things happen through challenging goals: Leader proactivity, trust, and business-unit performance. [J]. Journal of Applied Psychology, 98(3): 540-549.

[9] HU C, THOMAS K M, LANCE C E, 2008. Intentions to Initiate Mentoring Relationships: Understanding the Impact of Race, Proactivity, Feelings of Deprivation, and Relationship Roles[J]. The Journal of Social Psychology, 148(6): 727-744.

[10] GONG Y, CHEUNG S Y, WANG M, et al, 2012. Unfolding the Proactive Process for Creativity: Integration of the Employee Proactivity, Information Exchange, and Psychological Safety Perspectives[J]. Journal of Management, 36(5): 603-612.

[11] LEBEL R D, PATIL S V, 2018. Proactivity despite discouraging supervisors: The powerful role of prosocial motivation[J]. J Appl Psychol, 103(7): 724-737.

[12] GHITULESCU B, CORNELIUS N, NG E, 2018. Psychosocial effects of proactivity: the interplay between proactive and collaborative behavior[J]. Personnel Review: 00-00.

[13] FAY D, ANNETT HÜTTGES, 2016. Drawbacks of Proactivity: Effects of Daily Proactivity on Daily Salivary Cortisol and Subjective Well-Being[J]. Journal of Occupational Health Psychology, 22(4).

[14] STRAUSS K, PARKER S K, O"SHEA D, 2017. When does proactivity have a cost? Motivation at work moderates the effects of proactive work behavior on employee job strain[J]. Journal of Vocational Behavior, 100: 15-26.

[15] GRANT A M, ROTHBARD N P, 2013. When in doubt, seize the day? Security values, prosocial values, and proactivity under ambiguity.[J]. Journal of Applied Psychology, 98(5): 810-819.

[16] SCHMITT A, BELSCHAK F D, DEN HARTOG D N, 2016. Feeling Vital After a Good Night's Sleep: The Interplay of Energetic Resources

and Self-Efficacy for Daily Proactivity [J]. Journal of Occupational Health Psychology, 22 (4).

[17] LEBEL R D, 2017. Moving Beyond Fight and Flight: A Contingent Model of How the Emotional Regulation of Anger and Fear Sparks Proactivity [J]. Academy of Management Review, 42 (2).

[18] CANILS MARJOLEIN C J, 2018. Proactivity and supervisor support in creative process engagement [J]. European Management Journal: S0263237318300483.

[19] WANG Z, ZHANG J, THOMAS C L , et al, 2017. Explaining benefits of employee proactive personality: The role of engagement, team proactivity composition and perceived organizational support [J]. Journal of Vocational Behavior: S0001879117300362.

[20] MADENEYIUSTA C, 2016. Job resources, engagement, and proactivity: a moderated mediation model [J]. Journal of Managerial Psychology, 31 (8): 1234-1250.

[21] SCHMITT A, DEN HARTOG D N, BELSCHAK F D, 2015. Is outcome responsibility at work emotionally exhausting? Investigating employee proactivity as a moderator. [J]. Journal of Occupational Health Psychology, 20 (4): 491-500.

[22] UY M A, CHAN K Y, SAM Y L , et al, 2015. Proactivity, adaptability and boundaryless career attitudes: The mediating role of entrepreneurial alertness [J]. Journal of Vocational Behavior, 86: 115-123.

[23] CRANT J M, 2000. Proactive Behavior in Organizations [J]. Journal of Management, 26 (3): 435–462.

[24] PARKER S K, WILLIAMS H M, TURNER N, 2006. Modeling the antecedents of proactive behavior at work. [J]. Journal of Applied Psychology, 91 (3): 636-652.

[25] JONG A D, RUYTER K D, 2004. Adaptive versus Proactive Behavior in Service Recovery: The Role of Self-Managing Teams [J]. Decision

Sciences, 35 (3): 457-491.

[27] Leader reactions to follower proactive behavior: Giving credit when credit is due [J]. Human Relations, 2015, 68 (6): 879-898.

[28] PARKER S K, COLLINS C G, 2010. Taking Stock: Integrating and Differentiating Multiple Proactive Behaviors [J]. Journal of Management, 36 (3): 633-662.

[29] GRUMAN J A, SAKS A M, ZWEIG D I, 2006. Organizational socialization tactics and newcomer proactive behaviors: An integrative study [J]. Journal of Vocational Behavior, 69 (1): 90-104.

[30] OHLY S, PLUNTKE S F, 2006. Routinization, Work Characteristics and Their Relationships with Creative and Proactive Behaviors [J]. Journal of Organizational Behavior, 27 (3): 257-279.

[31] FULLER J B, HESTER M K, 2006. Promoting Felt Responsibility for Constructive Change and Proactive Behavior: Exploring Aspects of an Elaborated Model of Work Design [J]. Journal of Organizational Behavior, 27 (8): 1089-1120.

[32] IRONSON G, BALBIN E, STUETZLE R, et al, 2005. Dispositional optimism and the mechanisms by which it predicts slower disease progression in HIV: proactive behavior, avoidant coping, and depression [J]. International Journal of Behavioral Medicine, 12 (2): 86-97.

[33] GRANT A M, PARKER S, COLLINS C, 2009. GETTING CREDIT FOR PROACTIVE BEHAVIOR: SUPERVISOR REACTIONS DEPEND ON WHAT YOU VALUE AND HOW YOU FEEL [J]. Personnel Psychology, 62 (1): 25.

[34] FRITZ C, SONNENTAG S, 2007. Antecedents of Day-Level Proactive Behavior: A Look at Job Stressors and Positive Affect During the Workday? [J]. Journal of Management, 35 (1): 94-111.

[35] FAY D, SONNENTAG S, 2012. Within-Person Fluctuations of Proactive Behavior: How Affect and Experienced Competence Regulate Work

Behavior [J]. Human Performance, 25 (1): 72-93.

[36] BAL P M, CHIABURU D S, DIAZ I, 2011. Does Psychological Contract Breach Decrease Proactive Behaviors? The Moderating Effect of Emotion Regulation [J]. Group & Organization Management, 36 (6): 722-758.

[37] DEN HARTOG D N, BELSCHAK F D, 2012. When does transformational leadership enhance employee proactive behavior? The role of autonomy and role breadth self-efficacy [J]. Journal of Applied Psychology, 97 (1): 194-202.

[38] SPREITZER G, SUTCLIFFE K, DUTTON J, et al, 2005. A Socially Embedded Model of Thriving at Work [J]. Organization Science, 16 (5): 537-549.

[39] Thriving at work: Toward its measurement, construct validation, and theoretical refinement [J]. Journal of Organizational Behavior, 2012, 33 (2): 250-275.

[40] NIESSEN C, SONNENTAG S, SACH F, 2012. Thriving at work—A diary study [J]. Journal of Organizational Behavior, 33 (4): 468-487.

[41] SREITZER G, PORATH C L, GIBSON C B, 2012. Toward human sustainability. How to enable more thriving at work [J]. Organizational Dynamics, 41 (2): 155-162.

[42] LI M, LIU W, HAN Y, et al, 2016. Linking empowering leadership and change-oriented organizational citizenship behavior: The role of thriving at work and autonomy orientation [J]. Journal of Organizational Change Management, 29 (5): 732-750.

[43] PREM R, OHLY S, KUBICEK B, et al, 2016. Thriving on challenge stressors? Exploring time pressure and learning demands as antecedents of thriving at work [J]. Journal of Organizational Behavior.

[44] JIANG, ZHOU, 2017. Proactive personality and career adaptability: The role of thriving at work [J]. Journal of Vocational Behavior, 98: 85-97.

[45] HILDENBRAND K, SACRAMENTO C A, BINNEWIES C, 2016.

Transformational Leadership and Burnout: The Role of Thriving and Followers' Openness to Experience[J]. Journal of Occupational Health Psychology.

[46] SAADIA Q, GHULAM A, BINDU A, et al, 2018. Nourishing the bliss: antecedents and mechanism of happiness at work[J]. Total Quality Management & Business Excellence: 1-15.

[47] WALUMBWA F O, MUCHIRI M K, MISATI E, et al, 2017. Inspired to perform: A multilevel investigation of antecedents and consequences of thriving at work[J]. Journal of Organizational Behavior.

[48] AMSTAD F T, MEIER L L, FASEL U, et al, 2011. A Meta-Analysis of Work-Family Conflict and Various Outcomes With a Special Emphasis on Cross-Domain Versus Matching-Domain Relations[J]. Journal of Occupational Health Psychology, 16(2): 151-169.

[49] JUDGE T A, ILIES R, SCOTT B A, 2006. Work–family conflict and emotions: Effects at work and at home[J]. Personnel Psychology, 59(4): 779-814.

[50] HAMMER L B, KOSSEK E E, ANGER W K, et al, 2011. Clarifying work–family intervention processes: The roles of work–family conflict and family-supportive supervisor behaviors[J]. Journal of Applied Psychology, 96(1): 134-150.

[51] KELLY E L, MOEN P, OAKES J M, et al, 2014. Changing Work and Work-Family Conflict: Evidence from the Work, Family, and Health Network[J]. American Sociological Review, 79(3): 485-516.

[52] WANG Y, CHANG Y, FU J, et al, 2012. Work-family conflict and burnout among Chinese female nurses: The mediating effect of psychological capital[J]. BMC Public Health, 12(1): 915.

[53] WAYNE J H, CASPER W J, MATTHEWS R A, et al, 2013. Family-supportive organization perceptions and organizational commitment: The mediating role of work–family conflict and enrichment and partner

attitudes[J]. Journal of Applied Psychology, 98 (4): 606-622.

[54] VERCRUYSSEN A, ROOSE H, PUTTE B V D, 2011. Underestimating busyness: Indications of nonresponse bias due to work–family conflict and time pressure[J]. Social Science Research, 40 (6): 1691-1701.

[55] POWELL G G N, 2006. When Work and Family Are Allies: A Theory of Work-Family Enrichment[J]. The Academy of Management Review, 31 (1): 72-92.

[56] BARAL R, BHARGAVA S, 2010. Work-family enrichment as a mediator between organizational interventions for work-life balance and job outcomes[J]. Journal of Managerial Psychology, 25 (3): 274-300.

[57] MCNALL L, NICKLIN J, 2011. Work-Family Enrichment[J]. Encyclopedia of Quality of Life and Well-Being Research: 7215-7218.

[58] CARLSON D, KACMAR K M, ZIVNUSKA S, et al, 2011. Work-family enrichment and job performance: A constructive replication of affective events theory[J]. Journal of Occupational Health Psychology, 16 (3): 297-312.

[59] BARAL R, BHARGAVA S, 2011. Predictors of work-family enrichment: moderating effect of core self-evaluations[J]. Journal of Indian Business Research, 3 (4): 220-243.

[60] KACMAR K M, CRAWFORD W S, Carlson D S, et al, 2014. A short and valid measure of work-family enrichment[J]. Journal of Occupational Health Psychology, 19 (1): 32-45.

[61] CHU C W L, 2010. Development and validation of a multidimensional scale of work-family enrichment in a Chinese context[J]. Aston University.

[62] RASTOGI M, CHAUDHARY R, CORNELIUS N, et al, 2018. Job crafting and work-family enrichment: the role of positive intrinsic work engagement[J]. Personnel Review: 00-00.

[63] ZHANG Y, XU S, JIN J, et al, 2018. The within and cross domain effects

of work-family enrichment: A meta-analysis[J]. Journal of Vocational Behavior, 104: 210-227.

[64] MAERTZ C P, BOYAR S L, 2011. Work-Family Conflict, Enrichment, and Balance under "Levels" and "Episodes" Approaches[J]. Journal of Management, 37(1): 68-98.

[65] ZUR H B, BREZNITZ S J, 1981. The effect of time pressure on risky choice behavior[J]. Acta Psychologica, 47(2): 89-104.

[66] LINZER M, KONRAD T R, DOUGLAS J, et al, 2000. Managed care, time pressure, and physician job satisfaction: Results from the physician worklife study[J]. Journal of General Internal Medicine, 15(7): 441-450.

[67] BAER M, OLDHAM G R, 2006. The Curvilinear Relation Between Experienced Creative Time Pressure and Creativity: Moderating Effects of Openness to Experience and Support for Creativity[J]. Journal of Applied Psychology, 91(4): 963-970.

[68] PIETERS R, WARLOP L, 1998. Visual attention during brand choice: The impact of time pressure and task motivation[J]. International Journal of Research in Marketing, 16(1): 1-16.

[69] KINICKI A J, VECCHIO R P, 2010. Influences on the quality of supervisor-subordinate relations: The role of time-pressure, organizational commitment, and locus of control[J]. Journal of Organizational Behavior, 15(1): 75-82.

[70] VERPLANKEN B, 1993. Need for Cognition and External Information Search: Responses to Time Pressure during Decision-Making[J]. Journal of Research in Personality, 27(3): 238-252.

[71] CHENG B H, MCCARTHY J M, 2018. Understanding the Dark and Bright Sides of Anxiety: A Theory of Workplace Anxiety[J]. Journal of Applied Psychology, 103(5): 537.

[72] WINSTANLEY S, WHITTINGTON R, 2002. Anxiety, burnout and

coping styles in general hospital staff exposed to workplace aggression: A cyclical model of burnout and vulnerability to aggression[J]. Work & Stress, 16(4): 302-315.

[73] HASLAM C, ATKINSON S, BROWN S S, et al, 2005. Anxiety and depression in the workplace: Effects on the individual and organisation (a focus group investigation)[J]. J Affect Disord, 88(2): 209-215.

[74] RODRÍGUEZ-MUÑOZ, ALFREDO, MORENO-JIMÉNEZ, BERNARDO, SANZ-VERGEL A I, 2015. Reciprocal relations between workplace bullying, anxiety, and vigor: a two-wave longitudinal study[J]. Anxiety, Stress, & Coping, 28(5): 514-530.

[75] MURPHY S A, DUXBURY L, HIGGINS C, 2006. The Individual and Organizational Consequences of Stress, Anxiety, and Depression in the Workplace: A Case Study[J]. Canadian Journal of Community Mental Health, 25(2): 143-157.

[76] ROUSSEAU D M, 2007. A Sticky, Leveraging, and Scalable Strategy for High-Quality Connections between Organizational Practice and Science[J]. The Academy of Management Journal, 50(5): 1037-1042.

[77] ROBERTS L M, DUTTON J E, SPREITZER G M, et al, 2005. Composing the Reflected Best-Self Portrait: Building Pathways for Becoming Extraordinary in Work Organizations[J]. The Academy of Management Review, 30(4): 712-736.

[78] DUTTON H J E, 2008. Positive Social Interactions and the Human Body at Work: Linking Organizations and Physiology[J]. The Academy of Management Review, 33(1): 137-162.

[79] STEPHENS J P, HEAPHY E D, CARMELI A, et al, 2013. Relationship Quality and Virtuousness: Emotional Carrying Capacity as a Source of Individual and Team Resilience[J]. The Journal of Applied Behavioral Science, 49(1): 13-41.

[80] DUTTON, JANE E, 2006. Energize Your Workplace [M]. Jossey Bass.

[81] GLANCY D A, 2013. The development of high-quality workplace relationships in knowledge-producing organizations [J]. Dissertations & Theses - Gradworks.

[82] PREACHER K J, CURRAN P J, BAUER D J, 2006. Computational Tools for Probing Interactions in Multiple Linear Regression, Multilevel Modeling, and Latent Curve Analysis [J]. Journal of Educational and Behavioral Statistics, 31(4): 437-448.

[83] BAUER D J, PREACHER K J, GIL K M, 2006. Conceptualizing and testing random indirect effects and moderated mediation in multilevel models: New procedures and recommendations [J]. Psychological Methods, 11(2): 142-163.

[84] CUNNINGHAM W A, BANAJI P M R, 2001. Implicit Attitude Measures: Consistency, Stability, and Convergent Validity [J]. Psychological Science, 12(2): 163-170.

[85] PREACHER K J, ZYPHUR M J, ZHANG Z, 2010. A general multilevel SEM framework for assessing multilevel mediation [J]. Psychol Methods, 15(3): 209-233.

[86] PREACHER K J, SELIG J P, 2012. Advantages of Monte Carlo Confidence Intervals for Indirect Effects [J]. Communication Methods and Measures, 6(2): 77-98.

[87] PREACHER K J, ZYPHUR M J, ZHANG Z, 2010. A general multilevel SEM framework for assessing multilevel mediation [J]. Psychol Methods, 15(3): 209-233.

[88] PREACHER K J, ZHANG Z, ZYPHUR M J, 2016. Multilevel structural equation models for assessing moderation within and across levels of analysis [J]. Psychological Methods, 21(2): 189-205.

[89] SARDESHMUKH S R, VANDENBERG R J, 2016. Integrating Moderation and Mediation: A Structural Equation Modeling Approach [J].

Organizational Research Methods: 1094428115621609.

[90] HARRISON D A, MCLAUGHLIN M E, COALTER T M, 1996. Context, Cognition, and Common Method Variance: Psychometric and Verbal Protocol Evidence [J]. Organizational Behavior & Human Decision Processes, 68(3): 246-261.

[91] KLINE T J B, SULSKY L M, REVER-MORIYAMA S D, 2000. Common Method Variance and Specification Errors: A Practical Approach to Detection [J]. The Journal of Psychology, 134(4): 401-421.

[92] REIO, T. G, 2010. The Threat of Common Method Variance Bias to Theory Building [J]. Human Resource Development Review, 9(4): 405-411.

[93] JAIMET K, 2012. Energy at work [J]. Canadian Nurse, 108(7): 32.

[94] Work-related flow and energy at work and at home: A study on the role of daily recovery [J]. Journal of Organizational Behavior, 2012, 33(2): 276-295.

[95] COLE M S, BRUCH H, VOGEL B, 2012. Energy at work: A measurement validation and linkage to unit effectiveness [J]. Journal of Organizational Behavior, 33(4): 445-467.

[96] FORD J S, 2007. Conservation of Resources Theory* [J]. Encyclopedia of Stress, 3(3): 562-567.

[97] GOSS, DAVID, 2007. Reconsidering Schumpeterian opportunities: the contribution of interaction ritual chain theory [J]. International Journal of Entrepreneurial Behavior & Research, 13(1): 3-18.

[98] FINE G A, 2005. Interaction Ritual Chains（review）[J]. Social Forces, 83(3): 1287-1288.

[99] 邓雅捷, 彭彩妮, 李晓乐, 等, 2023. 短期专注冥想改善非冥想者的正念、状态焦虑与选择性注意.中国健康心理学杂志, 31(5): 649-655.

[100] 倪旭东, 曾子宁, 潘成凯, 2022.工作旺盛感对家庭领域的双刃剑效应[J].中国人力资源开发, 39(11): 39-49.

[101] 徐姗, 张昱城, 张冰然, 等, 2022."增益"还是"损耗"？挑战性工作要求

对工作-家庭增益的"双刃剑"影响[J].心理学报, 54(10): 1234-1247.

[102] 李晓明, 刘小丹, 戴婷.特质焦虑与青少年冒险行为的关系: 基于双系统模型的机制探讨[J].心理与行为研究, 2022, 20(04): 529-535.

[103] 黄亚夫, 王慧, 曾小叶, 等, 2022.职场焦虑量表中文版测评员工的效度和信度[J].中国心理卫生杂志, 36(08): 719-723.

[104] 张兰霞, 张卓, 王乐乐, 2022.基于文献计量的我国工作家庭冲突研究的知识结构与动态演化[J].东北大学学报(社会科学版), 24(02): 52-61.

[105] 张兰霞, 张靓婷, 毛孟雨, 等, 2021.领导成员交换对知识型员工创新行为的影响——基于工作家庭关系的视角[J].上海管理科学, 43(06): 81-90.

[106] 王震, 陈子媚, 宋萌, 2021.工作、家庭难兼顾? 工作-家庭资源模型在组织管理研究中的应用与发展[J].中国人力资源开发, 38(11): 58-79.

[107] 孙凤君, 寇静娜, 徐泽阳, 等, 2021.工作-家庭冲突对矿工不安全行为的影响研究[J].中国煤炭, 47(09): 71-76.

[108] 赵新元, 王甲乐, 范欣平, 2021.旅游业一线员工工作-家庭冲突的前因后果模型——基于荟萃分析的结构方程模型[J].旅游学刊, 36(09): 88-102.

[109] 若鱼, 2020.工作交流与职场焦虑的对抗[J].劳动保障世界(13): 33.

[110] 徐会奇, 李小娜, 2019.职场焦虑的研究述评及未来展望[J].领导科学(04): 79-82.

[111] 崔子龙, 2017.工作场所主动行为研究述评与展望[J].大理大学学报, (09): 98-103.

[112] 张新秀, 2017. "互联网+"体育产业新业态发展模式研究[D].长春: 吉林大学.

[113] 田喜洲, 马珂, 左晓燕, 等, 2015.为了无法回应的呼唤: 从职业遗憾到自我重塑[J].外国经济与管理, 37(04): 66-75+96.

[114] 付大军, 2015.面向两化融合的北京市战略性新兴产业发展模式与政策选择研究[D].北京: 北京理工大学.

[115] 陈禹, 崔子龙, 2007.基于管理流程的人力资源管理信息化[J].中国人力资源开发(08): 24-27.

附录：调查问卷

尊敬的先生/女士：

　　您好！

　　本问卷的所有数据和内容被应用于学术研究，企业和个人的机密信息和隐私信息会得到充分的保护。被调查人在填写问卷的过程中无须提供真实姓名，也没有固定答案。笔者会将调查问卷的数据进行整理和总结，参与者的生活不会因此发生任何变化。被调查者应该较为深入地了解问卷的内容，然后根据个人实际情况做出回答。感谢您的支持和参与！

　　祝您身体健康、万事如意！

第一部分：背景资料

以下是您的个人基本信息，请根据您自己的实际情况进行填写。

性别：□男性　　　□女性

教育程度：□大专　　　□本科　　　□硕士研究生及以上

年龄：□20岁及以下　　□21~25岁　　□26~30岁　　□31~35岁
　　　□36~40岁　　□41岁及以上

您在本单位内的工作年限：□1年及以内　　□1~3年　　□3~5年
□5-7年　　□7年以上

A. 请根据您的客观情况和主观感受，以符合程度为界限对下表中的各项问题做出评定，并在右侧找到对应的等级数字画"√"。

序号	题项内容	非常不符合	不符合	不确定	符合	非常符合
1	在这个组织中，我和同事们有着共同愿景。	1	2	3	4	5
2	在这个组织中，我感觉和同事们朝着共同目标前进。	1	2	3	4	5
3	这个组织的员工没有明确的行动方向。	1	2	3	4	5
4	这个组织的员工相互指导他们的同事处理什么任务。	1	2	3	4	5
5	在这个组织中，我们会彼此分享我们的工作相关话题。	1	2	3	4	5
6	我和同事会在工作中相互分享心得，可以让我们更好地理解彼此的工作需求。	1	2	3	4	5
7	我会与同事分享我们的工作问题，可以让我更好地理解我的行为如何影响同事。	1	2	3	4	5
8	在工作中，彼此之间拥有很大的尊重。	1	2	3	4	5
9	当有人表达他的不同意见时，同事之间会表达尊重。	1	2	3	4	5
10	相互尊重是我们在这个组织中关系的基础。	1	2	3	4	5

第二部分 每日测量问卷

B. 请根据您的客观情况和主观感受，以符合程度为界限对下表中的各项问题做出评定，并在右侧找到对应的等级数字画"√"。

序号	题项内容	非常不符合	不符合	不确定	符合	非常符合
1	今天的工作中，我会主动以更好的方式完成工作	1	2	3	4	5
2	今天的工作中，我会主动想出一些新点子以提高工作效率。	1	2	3	4	5
3	今天的工作中，我会主动尝试改变完成核心任务的工作方式。	1	2	3	4	5

C. 请根据您的客观情况和主观感受，以符合程度为界限对下表中的各项问题做出评定，并在右侧找到对应的等级数字画"√"。

序号	题项内容	非常不符合	不符合	不确定	符合	非常符合
1	今天，我发现我能在工作中学到新东西。	1	2	3	4	5
2	今天，随着时间推移，我发现我在工作中学习到更多东西。	1	2	3	4	5
3	今天，我感觉工作中自己充满活力。	1	2	3	4	5
4	今天，我感觉工作中自己精力充沛。	1	2	3	4	5

D. 请根据您的客观情况和主观感受，以符合程度为界限对下表中的各项问题做出评定，并在右侧找到对应的等级数字画"√"。

序号	题项内容	非常不符合	不符合	不确定	符合	非常符合
1	此刻，我感到焦虑。	1	2	3	4	5
2	此刻，我在工作中感到非常担心。	1	2	3	4	5

E. 请根据您的客观情况和主观感受，以符合程度为界限对下表中的各项问题做出评定，并在右侧找到对应的等级数字画"√"。

序号	题项内容	非常不符合	不符合	不确定	符合	非常符合
1	今天的工作中，我必须赶时间才能完成工作任务。	1	2	3	4	5
2	今天的工作时间压力很大。	1	2	3	4	5

F. 请根据您的客观情况和主观感受，以符合程度为界限对下表中的各项问题做出评定，并在右侧找到对应的等级数字画"√"。

序号	题项内容	非常不符合	不符合	不确定	符合	非常符合
1	今天工作的好心情让我在家里也很高兴。	1	2	3	4	5
2	今天我的工作让我在家里的态度也变得积极。	1	2	3	4	5
3	今天，当我离开公司回到家后也感觉不错。	1	2	3	4	5

G. 请根据您的客观情况和主观感受，以符合程度为界限对下表中的各项问题做出评定，并在右侧找到对应的等级数字画"√"。

序号	题项内容	非常不符合	不符合	不确定	符合	非常符合
1	今天，工作的事情干扰了我的家庭生活。	1	2	3	4	5
2	今天，工作花费时间太多，我无法胜任其他家庭工作。	1	2	3	4	5
3	今天，由于工作上的事情导致我想在家里做的事情没有完成。	1	2	3	4	5